BONBONS
FAITS MAISON

Ouvrage publié pour la première fois en langue anglaise en 2014 sous le titre *All natural candies*.

Traduction et adaptation : Catherine Bricout

ISBN : 978-2-8160-0662-9
N° d'éditeur : 8160
Dépôt légal : février 2015

Achevé d'imprimer : janvier 2015
Imprimé en Chine par 10/10 Printing International

BONBONS FAITS MAISON

50 recettes aux fruits, fleurs, herbes et épices

ALISON CANDLIN

ARTÉMIS
ÉDITIONS

Sommaire

INTRODUCTION

Les sucreries sont mauvaises pour la santé – tout le monde le sait. Mais le sont-elles vraiment ? Toutes les recettes sucrées de cet ouvrage contiennent des fruits, des herbes aromatiques, des épices ou même des fleurs : ces composants frais procurent des nutriments et autres éléments actifs bénéfiques à la santé. De plus, en confectionnant vous-même vos sucreries, vous contrôlez tous les ingrédients et savez qu'ils sont de bonne qualité. Vous ne rencontrerez dans ces pages aucun édulcorant artificiel, additif malsain ou colorant synthétique, et vous aurez la certitude rassurante d'offrir à vos enfants, à votre famille et vos amis des plaisirs aussi naturels que délicieux.

Vous constaterez aussi que votre fabrication, non contente d'être plus saine, gratifiante, amusante et étonnamment facile, est moins onéreuse que les bonbons industriels du commerce. Vous trouverez ici des recettes simples pour vos gourmandises favorites : fondants à la menthe, truffes onctueuses, pâtes de fruits, caramels moelleux et autres.

Commencez par les fondamentaux avant de vous lancer dans les bonbons plus compliqués ; perfectionnez la technique de l'ébullition du sirop pour les torsades de sucre d'orge (page 109) ou entraînez-vous à la pâte à sucre avec le fondant à la menthe enrobé de chocolat (page 103).

LE CHOIX DES INGRÉDIENTS

Comme toujours en matière culinaire, le résultat final est à la hauteur de la qualité des ingrédients. Ne lésinez pas et n'optez pas systématiquement pour le meilleur marché, sous peine de ruiner tous vos efforts. Le sucre est le constituant essentiel de la plupart des bonbons, mais il en existe tant de formes et de types différents que vos bonbons ne courent pas le risque d'une uniformité ennuyeuse.

En ce qui concerne le chocolat, un petit effort financier est toujours justifié pour un bon chocolat de chocolatier (page 31). Un chocolat de qualité médiocre fera des grumeaux en fondant ; vos bonbons n'auront pas un bel aspect luisant et ils seront moins savoureux.

Choisissez des fruits à juste maturité et en parfait état ; gardez les fruits tachés ou abîmés pour les confitures ou les compotes, qui n'exigent pas la même perfection de la pulpe. Si vous utilisez la peau, l'écorce ou le zeste, choisissez des fruits de culture biologique et des agrumes non traités.

Rien de plus facile que de confectionner des douceurs saines : trempez simplement des fruits frais dans un peu de chocolat noir pour obtenir une friandise riche de toutes les qualités du fruit frais.

LES BONBONS QUI GUÉRISSENT

Pour de nombreuses affections bénignes, comme un mal de gorge, une toux sèche ou un nez bouché, le seul fait de sucer un bonbon est un réconfort, car il stimule la production de salive qui lubrifie la gorge. Nombre de remèdes vendus sans ordonnance ne sont rien de plus que des bonbons de sucre cuit ; en les confectionnant vous-même, vous serez moins tributaire des remèdes du commerce et vous vous soignerez avec de délicieuses confiseries. Incorporez des ingrédients actifs tels que le miel, le citron ou la menthe, et vous apaiserez le mal avec rapidité et efficacité.

Un enfant souffrant d'un mal de gorge se sentira certainement mieux en dégustant une sucette aux fruits d'été (page 89) ou une sucette fondante à la menthe (page 105). Pour les adultes, un bonbon au citron maison (pages 46-47) ou un pear drop (page 82) apportera un coup de fouet fruité de vitamine C, tandis que les vapeurs mentholées des remèdes aux herbes (page 111) participeront à décongestionner le nez, les sinus ou les bronches et à soulager la gorge.

La menthe est un remède éprouvé à l'indigestion ; sucer un bonbon à la menthe après un dîner trop copieux est une astuce populaire parce qu'efficace. Les pages 98 à 105 proposent des recettes bénéfiques telles que les menthes claires (page 100).

De nombreux ingrédients de ce livre possèdent des propriétés curatives ; si leur efficacité est optimale lors de la consommation des fruits frais, une partie de leurs qualités se retrouvera dans vos bonbons. Les myrtilles, par exemple, sont un « super-aliment » qui aide à prévenir les infections de l'appareil urinaire et peuvent même participer à la santé intellectuelle et ralentir les pertes de mémoire liées à l'âge. N'hésitez donc pas à en incorporer dans le fudge au chocolat blanc et aux myrtilles (page 93).

La pectine présente dans les pommes réduit le taux de cholestérol et les risques de maladies cardiaques, et leur apport de potassium est bénéfique à la tension artérielle. Pour conserver des pommes, transformez-les en cuir de pomme (page 83) ou en pâtes de pomme verte éclatantes de couleur (page 85).

Même le chocolat contient des flavonoïdes, dont les propriétés antioxydantes participent à la santé du cœur, des veines et des artères, en réduisant la tension artérielle et le niveau de stress – à condition de ne pas en abuser.

Chaque section consacrée à un ingrédient est introduite par un résumé des bienfaits pour la santé des fruits, herbes ou fleurs concernés et, tout au long du livre, des encadrés « Action bénéfique » mettent en avant les propriétés curatives d'un ingrédient présent dans une recette.

Non seulement vous aurez le plaisir de déguster de délicieux bonbons faits maison, mais celui-ci sera augmenté par l'assurance qu'ils vous font du bien.

Vanilla
Extract

L'ÉQUIPEMENT & LES TECHNIQUES

La confection de ces bonbons ne nécessite pas des tonnes d'équipement perfectionné ou coûteux. La plupart des recettes de cet ouvrage fait appel à des ustensiles courants dans toutes les cuisines et vous trouverez facilement ce qui vous manque dans une bonne boutique d'ustensiles de cuisine ou d'équipement de la maison. Quand vous aurez appris les techniques de base et constitué votre réserve d'ingrédients, vous préparerez vos bonbons de qualité en un rien de temps.

L'équipement de base

La fabrication de bonbons maison n'exige pas des tonnes d'équipement. Pour certains, un saladier ou un plan de travail suffisent, et la plupart font appel à un équipement dont vous disposez probablement. Tous les ustensiles spécialisés se trouvent dans une bonne quincaillerie ou un magasin d'articles culinaires.

LES CASSEROLES

Des casseroles de bonne qualité, lourdes et profondes, sont essentielles. La fonte, le cuivre, l'aluminium ou l'acier inoxydable sont les matériaux les mieux adaptés aux températures élevées nécessaires à la confection des sirops. Dans une casserole à fond mince, le sirop ne chauffe pas de façon homogène et brûle facilement.

À ébullition, le sirop monte dans la casserole : veillez donc à choisir une casserole d'une capacité quatre fois supérieure au volume des ingrédients.

La meilleure technique de nettoyage d'une casserole après la confection de bonbons consiste à la remplir immédiatement d'eau très chaude et à la laisser mijoter, à couvert, jusqu'à dissolution du sirop.

LE THERMOMÈTRE À SUCRE

Un thermomètre qui supporte la température d'un sirop concentré bouillant est indispensable. Les graduations doivent être bien lisibles et aller de 16 °C à 182 °C. De nombreux modèles indiquent les différents stades de l'ébullition du sucre (pages 20-21) et ceux qui s'accrochent sur la paroi de la casserole sont les plus pratiques.

Pour « acclimater » un thermomètre neuf, placez-le dans une casserole d'eau froide. Faites chauffer doucement jusqu'au point d'ébullition, puis laissez le thermomètre refroidir dans l'eau. Avant de faire un sirop, placez toujours le thermomètre dans de l'eau chaude, car le passage brutal du placard au sirop bouillant risque de le faire exploser.

LES MOULES

Pour les bonbons « ordinaires » qui n'exigent pas une esthétique parfaite, n'importe quel récipient résistant à la chaleur fera l'affaire – un moule ou une barquette en aluminium par exemple. Pour obtenir un résultat plus professionnel, mieux vaut des moules à manqué. Les modèles courants, carrés ou rectangulaires, à bords droits, sont parfaits. La taille variera selon la quantité, mais les moules carrés de 15 ou 20 cm sont probablement les plus utiles. Une dimension supérieure ou inférieure donnera des bonbons plus épais ou plus fins. Quel que soit le moule, sa qualité essentielle pour un démoulage et un nettoyage faciles est d'être antiadhésif.

Vous aurez également besoin d'une grille métallique pour faire égoutter des bonbons au cours de la préparation.

LES PLANS DE TRAVAIL

Le plan de travail traditionnel pour la confiserie est le marbre, mais toute surface lisse qui absorbe la chaleur fait l'affaire – une grande plaque à pâtisserie ou une planche à découper en bois. Évitez de verser directement des sirops très chauds sur des surfaces stratifiées qui ne résistent pas à des températures aussi élevées.

Équipement de confiserie, de gauche à droite : casseroles à fond épais ; plaques à pâtisserie et moule à manqué ; emporte-pièce ; récipients thermorésistants ; marbre à pâtisserie ; pinceaux ; palettes, spatules et cuillères en bois ; thermomètre à sucre ; fourchettes à chocolat ; grille de refroidissement ; moules en silicone.

LES SPATULES

La spatule en bois est l'ustensile le mieux adapté au travail de la pâte à sucre, mais les palettes ou les spatules en métal souples sont plus pratiques pour retourner les préparations et étaler les pralinés.

LES PINCEAUX

Un pinceau pâtissier est parfait pour huiler les moules et des pinceaux plus petits sont l'idéal pour la décoration.

LES CISEAUX

Il vous faudra une paire de ciseaux robustes et bien affûtés pour couper les caramels et les bonbons en sucre tiré. Ils devront être graissés avant utilisation pour une découpe franche et nette.

LES EMPORTE-PIÈCE EN MÉTAL

Un jeu d'emporte-pièce en métal, de diverses tailles et formes, servira à la confection des pâtes à sucre, pâtes de fruits et pâtes d'amande. Si vous n'en disposez pas, vous couperez les bonbons individuels au couteau, en carrés ou autres formes simples.

LES FOURCHETTES À CHOCOLAT

Elles se terminent soit par un rond ou une spirale pour soutenir un bonbon dans un bain et le retirer, soit par deux ou trois dents pour le piquer. Elles permettent aussi de dessiner ou de former des motifs à la surface des bonbons (page 34). Une fourchette ordinaire fera également l'affaire.

LES MOULES EN SILICONE

Ils ressemblent à des bacs à glaçons, mais leurs alvéoles sont de formes plus décoratives ou de formes différentes. Ils permettent de mouler des crèmes ou des chocolats, ou des pâtes à sucre, en formes géométriques simples ou fantaisie.

LA CONSERVATION

Les bonbons doivent être protégés de l'humidité atmosphérique pour ne pas devenir collants.

Les caramels, toffees, bonbons de sucre cuit et bonbons en sucre tiré doivent être enveloppés individuellement avant d'être placés dans un contenant afin qu'ils n'adhèrent pas les uns aux autres ; les autres bonbons peuvent être disposés dans une boîte chemisée de papier sulfurisé.

Les contenants doivent être hermétiques à l'air et dénués de toute odeur qui imprégnerait les bonbons. Si le bocal ne possède pas un couvercle adapté, couvrez-le de papier d'aluminium, de cellophane ou de film alimentaire, bien serré, et maintenez-le en place avec de la ficelle.

LES EMBALLAGES

L'emballage individuel des bonbons offre d'innombrables possibilités, aussi attrayantes les unes que les autres, et vous choisirez probablement en fonction de leur destination – cadeau ou dégustation en famille. La solution la plus simple est le papier sulfurisé coupé en petits carrés, mais la cellophane transparente ou le film alimentaire mettent mieux en valeur les couleurs luisantes. Le papier d'aluminium et le papier métallisé, qui existent dans toutes les couleurs de l'arc-en-ciel dans les papeteries et les boutiques de cadeaux, sont également séduisants, de même que la cellophane colorée.

L'emballage des bonbons carrés ou oblongs peut être replié nettement en petit paquet fixé par un petit adhésif ou ses deux extrémités être entortillées en sens opposés, comme une papillote traditionnelle. Cette méthode est idéale pour les bonbons ronds et les berlingots.

Les bonbons qui ne sont pas emballés peuvent être disposés dans des caissettes en papier toutes simples, ou dans de jolies caissettes décorées ou en papier d'aluminium. Si vous superposez deux couches de bonbons dans une boîte, séparez-les d'une feuille de papier sulfurisé, pour éviter qu'ils ne collent.

Les durées de conservation

Conservez les bonbons dans un lieu frais et sec pour préserver toute leur qualité. Les bonbons faits maison se conservent moins longtemps que ceux du commerce mais, en règle générale, plus le bonbon est dur, plus longue est sa durée de vie.

Truffes	2 ou 3 jours
Chocolats	10 à 14 jours
Pâtes de fruits	2 semaines
Bonbons aux fruits secs oléagineux	2 semaines
Fruits confits	6 mois
Fudges	3 à 4 semaines
Caramels	10 à 14 jours
Pâte d'amandes crue	1 ou 2 jours
Pâte d'amandes cuite, mais non moulée	3 à 4 semaines
Bonbons en pâte d'amandes moulés	3 semaines
Bonbons de sucre cuit	3 à 4 semaines
Nougat	3 à 4 semaines
Toffees	2 semaines
Pâte à sucre crue	À utiliser immédiatement
Pâte à sucre cuite	6 mois

Les ingrédients de base

La liste des ingrédients nécessaires pour la majorité des bonbons est très courte et simple, et tous sont d'usage quotidien. Même les ingrédients les plus spécifiques sont faciles à se procurer dans les magasins d'alimentation ou les pharmacies.

LE SUCRE
Chaque type de sucre donne une personnalité différente aux bonbons que vous confectionnez.
• **Le sucre cristallisé blanc** Il convient à toutes les recettes qui sont chauffées, mais ses gros cristaux conféreront une texture granuleuse aux réalisations sans cuisson. Vous l'utiliserez dans les torsades de sucre d'orge (page 109).
• **Le sucre en poudre** Ses cristaux sont plus fins et se dissolvent bien ; il est donc mieux adapté aux pâtes crues. Vous l'utiliserez pour enrober des bonbons tels que les fruits confits.
• **Le sucre glace** De texture très fine, il est idéal pour les bonbons qui ne sont pas cuits et qui doivent être très lisses, comme les fondants à la menthe enrobés de chocolat (page 103). Vous le saupoudrerez également sur le plan de travail et le rouleau pour éviter aux préparations de coller quand elles sont étendues au rouleau, ainsi que dans les moules pour les chemiser et pour enrober les bonbons terminés.
• **Le sucre blond** De texture fine, ses cristaux humides et collants se dissolvent bien et donnent une saveur douce, mais caractéristique. On l'utilise souvent pour le fudge et le caramel dur.
• **Le sucre roux** Ce sucre à la couleur et à la saveur

De gauche à droite : sucre en poudre, sucre blond et sucre glace ont des emplois différents.

riches est composé de cristaux fins et humides qui sont enclins à s'agglomérer, mais se dissolvent bien.

• **Le sucre roux cristallisé (cassonade)** Ses cristaux doré pâle à la saveur riche restent séparés, mais fondent lentement à la cuisson, car ils sont gros. Il est donc préférable de l'utiliser dans les confections cuites à température élevée comme les caramels au beurre. Il est délicieux dans les caramels à la grenade (page 76).

• **Le glucose** Sous forme de poudre ou de liquide, on l'ajoute aux mélanges sucrés pour contrôler leur cristallisation et faciliter leur travail. Vous l'utiliserez dans les pear drops (page 82). Il permet aussi de conserver plus longtemps le moelleux des bonbons à base de pâte à sucre crue. Le golden syrup peut remplacer le glucose liquide au besoin.

• **Le miel** On l'utilise pour sa saveur caractéristique et pour contrôler la cristallisation.

• **Le golden syrup** Il offre une saveur subtile et, comme le miel et le glucose, permet de contrôler la formation des cristaux et d'obtenir une texture lisse. Vous l'utiliserez dans les caramels au miel et aux noisettes (page 116). Vous pouvez le remplacer par du sirop d'érable.

LE BEURRE

Choisissez uniquement du beurre doux de bonne qualité. Coupez toujours le beurre en petits dés avant utilisation, car il fondra plus vite.

LE CHOCOLAT

Préférez toujours un chocolat de bonne qualité. Un chocolat bon marché ruinera tous vos efforts et donnera un produit fini médiocre. Pour une saveur vraiment intense, choisissez un chocolat noir à haute teneur en cacao.

LE LAIT

Les laits concentrés, sucrés ou non, donnent plus de saveur aux bonbons que le lait frais, car ils ont été longuement soumis à des températures élevées au cours de leur transformation et possèdent déjà une saveur de caramel.

Utilisez toujours du beurre doux dans la confection des bonbons et coupez-le en dés avant de le mettre dans la casserole.

LES AROMATISANTS ET LES COLORANTS

Dans les recettes de cet ouvrage, l'aromatisation et la coloration sont fournies essentiellement par les ingrédients naturels. Vos bonbons auront donc un aspect moins éclatant que les bonbons du commerce dont vous avez l'habitude. Si vous souhaitez ajouter une touche de saveur plus tonique, optez pour des essences naturelles biologiques plutôt que pour des aromatisants synthétiques, artificiels.

Afin de ne pas diluer le sirop, un aromatisant doit être concentré et suffisamment fort pour que quelques gouttes parfument un mélange épais.

De même, si vous souhaitez pour un bonbon une couleur plus vive que celle qui est procurée par ses ingrédients naturels, choisissez toujours des colorants alimentaires purement végétaux plutôt que des colorants synthétiques. Les bons magasins d'alimentation proposent un large éventail de couleurs. Comme les aromatisants, ils sont concentrés et doivent être utilisés en très petites quantités.

Faire un sirop de sucre

Le sirop de sucre est la pierre angulaire de la confection des bonbons. Dès que vous maîtriserez cette technique, la voie sera ouverte à la création d'une multitude de gourmandises.

Suivez les étapes illustrées qui vous guideront dans les techniques, et consultez les recettes pour les ingrédients et les quantités.

1 Versez le sucre et l'eau dans une casserole profonde à fond épais. Faites chauffer doucement et remuez au fouet jusqu'à dissolution du sucre, puis cessez de remuer et laissez le sirop atteindre le point d'ébullition. Continuer à remuer à ce stade provoque la formation de cristaux qui donnent aux bonbons une texture granuleuse déplaisante.

2 Couvrez la casserole d'un couvercle hermétique afin que la vapeur condensée sur la paroi fasse descendre le sucre qui commencerait à s'y cristalliser.

3 Une autre méthode pour retirer les cristaux de sucre sur la paroi de la casserole : les brosser avec un pinceau pâtissier trempé dans l'eau très chaude.

4 Retirez le couvercle au bout de 3 min environ et placez le thermomètre. Laissez le sirop bouillonner jusqu'à la température voulue et réglez le feu pour maintenir un bouillonnement régulier.

5 Si vous utilisez la méthode empirique (page 20), retirez la casserole du feu et trempez le fond dans l'eau froide pour interrompre l'élévation de température. Faites le test. Si le sucre n'a pas atteint le stade voulu, remettez la casserole sur le feu et ramenez à ébullition pendant quelques minutes, puis trempez à nouveau le fond de la casserole dans l'eau pour interrompre la cuisson et refaites le test.

LE THERMOMÈTRE À SUCRE

• Faites chauffer le thermomètre dans de l'eau très chaude avant de commencer la cuisson.
• Vérifiez que le bulbe est complètement recouvert par le sirop mais qu'il n'est pas en contact avec le fond du récipient.
• Quand le sirop arrive au point d'ébullition, vérifiez que des cristaux de sucre ne s'accumulent pas autour du bulbe, ce qui fausserait les mesures.
• Pour une lecture précise, élevez le thermomètre à hauteur d'yeux.

COMPRENDRE LE SUCRE

Plus il y a de sucre dans un sirop, ou moins il y a d'eau, plus le point d'ébullition est élevé. Plus la température est élevée, plus le caramel est dur. Pour savoir quel stade a atteint le sirop, mesurez la température à l'aide d'un thermomètre à sucre ou faites le test de la page 20.

Les proportions initiales d'eau et de sucre importent peu, car c'est la concentration finale qui compte ; mais s'il y a trop d'eau au début du processus, il faudra plus de temps pour atteindre la température voulue.

Quand le sirop refroidit, le saccharose présent dans le sucre se recompose en cristaux si l'on ne fait rien pour l'éviter. Pour certains bonbons, cette cristallisation est voulue et contrôlée – dans la pâte à sucre ou le fudge. Pour les bonbons dans lesquels les cristaux sont indésirables, utilisez les agents anti-cristallisation suivants :
• Les acides, tels que le jus de citron ou le vinaigre, décomposent le saccharose en d'autres sucres.
• Utilisez d'autres sucres que le saccharose, par exemple le miel ou le sirop de glucose.
• Le lait, la crème et le beurre épaississent le sirop et empêchent la formation de cristaux.

Une pince est un accessoire précieux sur un thermomètre à sucre. Elle empêche le thermomètre de glisser dans le sirop bouillant et maintient le bulbe hors de contact du fond de la casserole, qui prend ainsi uniquement la température du sirop.

Tester la température du sirop de sucre

Si vous ne disposez pas de thermomètre à sucre, cette méthode vous permettra d'évaluer le stade de cuisson de vos bonbons. Avant de tester un sirop de sucre, retirez toujours la casserole du feu et plongez le fond dans l'eau froide. Vous éviterez ainsi que le sirop continue à monter en température pendant que vous le travaillez.

LES STADES DE CONSISTANCE

❶ ❷ LE FILÉ (106 À 113 °C)

Le filé est le premier stade de prise du sirop. Déposez une cuillerée à café de sirop sur une soucoupe froide. Quand elle a suffisamment refroidi, prenez-la entre vos doigts et écartez ceux-ci : un filet mince devrait se former entre les doigts.

❸ LE CARAMEL (160 À 177 °C)

Entre le stade du filé et le caramel, le sirop épaissit ; plus il est épais, plus le bonbon sera dur quand il aura pris.

Si vous laissez bouillir le sirop au-delà de ce stade, il commencera à brûler et vos bonbons auront un goût amer. Laissez du sirop couler d'une cuillère pour vérifier la couleur. Une teinte de miel doré est celle d'un caramel léger ; un ambre doré donne un caramel plus foncé.

Pour tester la dureté finale, laissez tomber une grosse goutte de sirop dans un bol d'eau très froide. Plongez la main dans l'eau et modelez la goutte en boule, puis comparez sa consistance avec les cinq stades suivants.

4 PETIT BOULÉ (112 À 116 °C)
La boule s'aplatit quand on la presse légèrement. C'est le bon stade pour la pâte à sucre et le fudge.

5 BOULÉ (118 À 121 °C)
La boule conserve sa forme quand on la sort de l'eau, mais s'amollit en se réchauffant à l'air. À ce stade, le sirop est prêt pour la confection des caramels.

6 GROS BOULÉ (121 À 130 °C)
Hors de l'eau, la boule est collante, mais conserve sa forme sous une légère pression. Ce stade est parfait pour le nougat et les guimauves.

7 PETIT CASSÉ (132 À 143 °C)
Essayez d'étirer la boule. Si elle forme un filé dur, mais qui n'est pas cassant, elle est au stade du petit cassé, parfait pour les bonbons en sucre tiré.

8 GRAND CASSÉ (149 À 154 °C)
Si le sirop a durci dans l'eau et s'il est cassant quand vous le sortez de l'eau, il a atteint le bon stade pour la confection de bonbons durs ou de sucre d'orge.

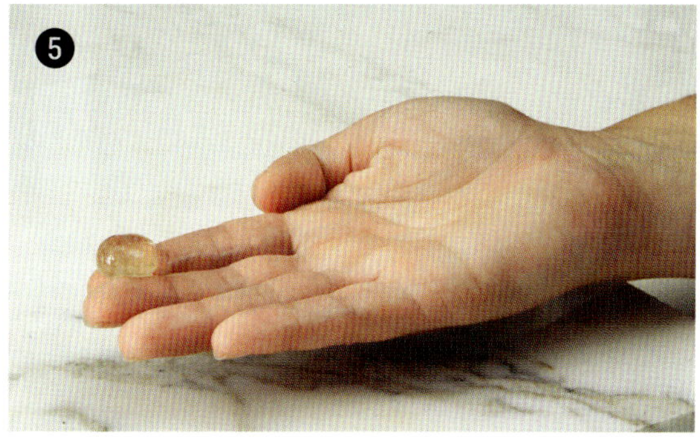

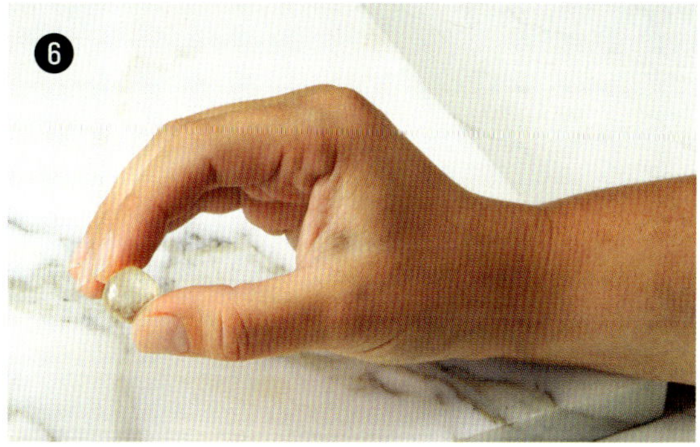

Fabriquer du fudge (caramel mou)

Quand vous maîtriserez le caramel de base, vous pourrez l'agrémenter de divers ingrédients et varier les parfums, à votre fantaisie, ou essayer des recettes de ce livre.

Le sirop de sucre destiné au fudge est bouilli jusqu'au stade du petit boulé, puis battu pour favoriser la cristallisation du sucre et donner au caramel sa texture et son aspect caractéristiques. Si vous battez le sirop immédiatement après la cuisson, les bonbons seront plus fermes et de texture plus granuleuse. Laissez le sirop refroidir avant de le battre si vous souhaitez un caramel lisse.

Remuez les préparations à forte teneur en lait ou en crème pour éviter qu'elles n'accrochent au fond de la casserole et veillez à employer une grande casserole, car leur volume augmentera considérablement en bouillant.

1 Placez le thermomètre à sucre dans une terrine d'eau très chaude pour le réchauffer en vue de son immersion dans le sirop. Huilez le moule dans lequel vous laisserez prendre le fudge.

2 Faites chauffer doucement le sucre avec le lait, la crème ou le beurre coupé en dés, et les autres ingrédients d'une recette, dans une casserole à fond épais d'une contenance quatre fois supérieure, au moins, au volume des ingrédients. Remuez avec une cuillère en bois jusqu'à ce que le sucre soit dissous et que le beurre ou le chocolat ait fondu. Portez à ébullition et laissez bouillonner pendant 3 min.

3 Mettez le thermomètre dans la casserole et maintenez l'ébullition jusqu'à la température voulue ; continuez à remuer si la préparation est riche en lait ou en crème, pour éviter qu'elle n'accroche au fond de la casserole. Quand le caramel a atteint le stade du petit boulé (112 à 116 °C), plongez délicatement le fond de la casserole dans l'eau froide pour interrompre la cuisson.

4 Battez immédiatement le caramel avec une cuillère en bois jusqu'à ce qu'il commence à épaissir, pâlisse et perde son aspect luisant. Pour un caramel lisse, laissez-le refroidir jusqu'à 50 °C environ, quand il commence à devenir opaque, puis battez-le jusqu'à ce qu'il épaississe et pâlisse.

5 Versez le caramel battu dans le moule huilé et étalez-le régulièrement. Ne grattez pas les parois de la casserole pour récupérer jusqu'à la dernière goutte : ces résidus ont une texture plus granuleuse que votre caramel battu et gâcheront le résultat final.

6 Laissez le caramel prendre. Quand il est assez ferme pour qu'une ligne tracée dessus au couteau reste visible, coupez-le en carrés et laissez-le finir de prendre.

7 Cassez ou découpez le fudge en morceaux. Rangez-les dans un contenant hermétique, entre des feuilles de papier sulfurisé. Ils se conserveront de 3 à 4 semaines dans un endroit frais. Les caramels mous dans un emballage décoratif sont un joli cadeau à offrir, mais vérifiez que l'emballage est bien fermé, pour éviter le dessèchement.

1

2

3

4

5

6

7

Réaliser la pâte à sucre

La texture crémeuse, lisse et fondante de la pâte à sucre est l'aboutissement d'une série de stades précis. Une fois terminée, elle peut être découpée en formes variées, enrobée de chocolat, versée dans des moules ou enrober des fruits.

Les étapes suivantes décrivent la confection de la pâte à sucre cuite. La pâte à sucre sans cuisson est plus facile à réaliser, mais elle contient du blanc d'œuf cru.

La première étape est l'incorporation de sirop de glucose à un sirop de sucre de base (page 18) afin que les cristaux de sucre formés pendant les dernières étapes du processus restent petits et que la pâte à sucre soit lisse. Le sirop de glucose maintient la pâte à sucre souple pendant plus longtemps que les autres agents anti-cristallisation.

La pâte à sucre doit être refroidie rapidement et de façon homogène avant d'être travaillée pour développer la cristallisation du sucre. Enfin, pour éviter les grumeaux, elle est pétrie comme une pâte à pain. Elle doit ensuite reposer pendant 12 heures au moins pour que les cristaux de sucre subissent leur transformation finale ; la pâte à sucre s'amollira alors et acquerra son caractère crémeux et fondant.

Ce type de pâte à sucre sert aussi à napper ou glacer les gâteaux et à modeler des décorations de gâteaux. Pour les décorations, vous souhaiterez sans doute ajouter de la couleur. Cette addition interviendra après le repos de la pâte (étape 6, ci-contre). À l'aide d'un cure-dents, piquez la boule de pâte à sucre de pointes de colorants alimentaires naturels, puis pétrissez la pâte pour répartir la couleur uniformément. Veillez à colorer en une fois la quantité de pâte dont vous aurez besoin, car il est très difficile d'homogénéiser les couleurs en plusieurs fournées.

1 Commencez par préparer un sirop de sucre : incorporez le sirop de glucose au stade du petit boulé à 116 °C. Quand le sirop est presque prêt, aspergez d'eau froide un marbre ou votre plan de travail.

2 Trempez le fond de la casserole dans l'eau froide, puis coulez rapidement le sirop sur le marbre. Laissez reposer quelques minutes.

3 Au moyen d'un racloir en métal ou d'une grande spatule en métal, soulevez les bords du sirop et ramenez-les vers le centre. Répétez l'opération jusqu'à ce que le sirop devienne brillant et visqueux, d'un jaune pâle.

4 Au moyen d'une spatule en bois mouillée, travaillez la matière avec des mouvements de huit (A), pendant 5 à 10 min sans interruption (B). N'arrêtez pas avant que la pâte soit blanche et friable (C) et très difficile à remuer.

5 Humidifiez vos mains et formez une boule, puis pétrissez-la. Repoussez la boule du talon de la main, puis reformez-la au moyen d'un racloir ou d'une spatule en métal. Répétez l'opération en mouvement continu pendant 5 à 10 min, jusqu'à ce que la pâte ne comporte plus de granulosités et soit lisse au toucher.

6 Modelez la pâte en boule, posez-la sur un plat humidifié et recouvrez-la d'un linge humide pour éviter le dessèchement de la surface. Laissez la pâte s'affermir dans un endroit frais pendant 12 h.

7 Pour rouler la pâte, saupoudrez le plan de travail de sucre glace afin qu'elle ne colle pas. Saupoudrez les emporte-pièce de sucre avant et pendant l'utilisation. Gardez une spatule à portée de main pour décoller la pâte découpée du plan de travail.

2

3A

3B

4A

4B

5

6

7

Réaliser des caramels

Les caramels doivent leur saveur crémeuse à l'incorporation de lait, de crème et de beurre, et non pas, comme le nom le suggère, à la caramélisation du sucre.

La texture souple caractéristique des caramels tient à la cuisson du sirop au stade du boulé, entre 118 et 121 °C. Vous pouvez amener le sirop presque au stade du gros boulé ; plus le sirop sera chaud, plus le caramel sera ferme.

Lors de la confection des caramels, il est très important d'utiliser une grande casserole, car le volume du sirop augmente beaucoup quand il bouillonne. En raison de la présence de laitage, les caramels sont enclins à coller au fond de la casserole et à brûler ; optez donc pour une casserole à fond épais et remuez pendant que la préparation bout. L'effet épaississant du lait participe à empêcher la cristallisation du sucre dans le sirop.

1 Badigeonnez le fond et la paroi d'un moule à manqué de beurre ou d'huile. Vous pouvez également le chemiser de papier sulfurisé. Mettez le thermomètre à sucre dans un bol d'eau très chaude pour le monter en température.

2 Dans une grande casserole, faites chauffer le sucre à feu doux avec le lait, la crème ou le beurre coupé en dés et un agent anti-cristallisation.

3 Remuez la préparation avec une cuillère en bois jusqu'à ce que le sucre soit dissous et le beurre fondu, s'il y en a. Portez à ébullition et laissez bouillir pendant 3 min environ.

4 Placez le thermomètre préchauffé dans la préparation et maintenez le bouillonnement ; remuez délicatement de temps à autre, en prenant garde à ne pas heurter le thermomètre, jusqu'à ce que le sirop ait atteint la température voulue.

5 Plongez avec précaution le fond de la casserole dans l'eau froide pour interrompre la montée de température et empêcher le caramel de brûler s'il continuait à cuire. Rapidement, mais délicatement, versez le caramel dans le moule préparé ; laissez-le refroidir et prendre.

6 Quand le caramel commence tout juste à prendre, et avant qu'il ne durcisse, marquez-le en carrés avec un couteau affûté. Huilez le couteau, vous obtiendrez un résultat plus net.

7 Quand le caramel est froid et ferme, démoulez-le, retirez le papier sulfurisé s'il y en a et découpez les carrés dessinés. Enveloppez les caramels dans de la cellophane ou du papier sulfurisé.

1

2

3

4

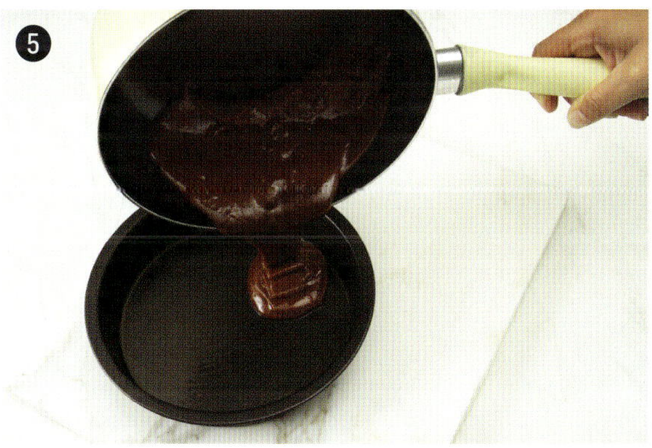
5

6

7

Réaliser des bonbons en sucre tiré

La technique du tirage du sucre est destinée à la fabrication de berlingots, de sucre d'orge et de bonbons aux fruits. Elle demande de la vigueur et de l'endurance, et des mains qui supportent les températures élevées. Il est essentiel de travailler le sirop le plus chaud possible, car il durcit en refroidissant.

Faites bouillir un sirop au stade intermédiaire entre le gros boulé et le petit cassé. Laissez refroidir juste au point où vous pouvez le manipuler, puis modelez-le en forme de saucisse. À force de l'étirer, de le plier et de le torsader, de minuscules bulles d'air pénétreront dedans et conféreront un aspect brillant et argenté aux bonbons terminés.

1 Préparez un sirop au stade intermédiaire entre le gros boulé et le petit cassé (pages 18 à 21). Quand il est presque prêt, huilez légèrement une plaque de marbre ou un autre plan de travail apte à supporter la température très élevée du sirop. Ne tentez surtout pas de confectionner ces bonbons sur une surface stratifiée : le sirop est beaucoup trop chaud.

2 Trempez le fond de la casserole dans l'eau pour interrompre la cuisson, puis coulez rapidement le sirop sur le marbre huilé. Laissez reposer quelques minutes : une pellicule claire doit se former à la surface.

3 Au moyen d'un racloir ou d'une grande spatule en métal, soulevez les bords du sirop et ramenez-les vers le centre. Répétez l'opération jusqu'à ce que le sirop soit assez froid pour être manipulé.

4 Huilez vos mains pour éviter qu'elles ne collent, puis modelez le sirop en forme de saucisse ; la spatule vous aidera peut-être au début. Soulevez la saucisse et étirez-la jusqu'à 45 cm de long environ.

5 Repliez la saucisse sur elle-même et répétez l'opération : étirez et repliez jusqu'à ce que le sucre change de texture et passe de mou et légèrement collant à une texture plus ferme et plus luisante.

6 Repliez le sucre tiré en deux, torsadez les deux brins ensemble, puis étirez à nouveau la torsade jusqu'à un diamètre de 1 cm.

7 Répétez l'étape précédente jusqu'à ce que la pâte soit opaque et luisante et n'ait plus aucune souplesse. L'opération peut durer 20 min. Repliez la torsade en deux, puis à nouveau en deux, et torsadez délicatement les quatre brins ensemble.

8 Étirez à nouveau et torsadez la pâte en corde. À l'aide de ciseaux robustes huilés, coupez la pâte en berlingots. Enveloppez ceux-ci dans de la cellophane ou du papier sulfurisé. Vous les conserverez de 3 à 4 semaines dans un récipient hermétique.

2

3

4A

4B
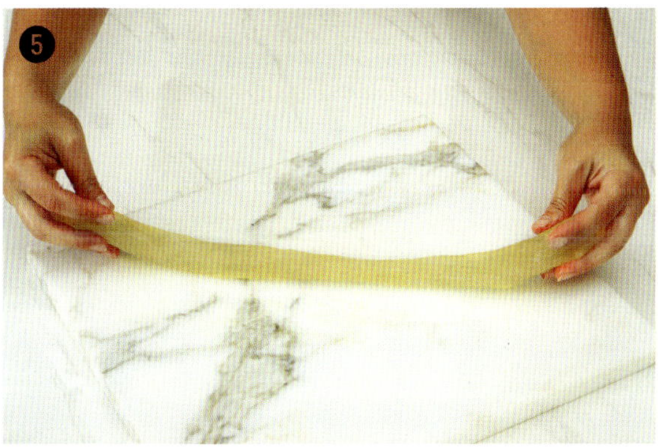
5

6

7

8

Bonbons en sucre tiré bicolores

Le tirage du sucre permet également de confectionner des bonbons bicolores. Vous associerez des « cordes » de deux sirops de couleur différente. L'une sera étirée jusqu'à l'opacité, l'autre restera luisante et translucide.

1 Huilez un plan de travail et préparez un sirop à base de sucre blond. Coulez le sirop en deux nappes sur le plan de travail. Dès que les bords commencent à refroidir légèrement, soulevez-les et repliez-les vers le centre au moyen d'un racloir ou d'une grande palette en métal. Répétez l'opération en alternant entre les deux masses de sirop pour qu'elles évoluent simultanément.

2 Huilez vos mains pour qu'elles ne collent pas et modelez une masse de sirop en forme de saucisse, puis étirez-la, repliez-la et torsadez-la comme des bonbons en sucre tiré normaux (voir pages précédentes). Travaillez de même la seconde masse de sucre, puis étirez-la à la même longueur que la précédente. Mais travaillez moins celle-ci, afin que sa couleur change peu.

3 Posez les deux rubans l'un à côté de l'autre, torsadez-les ensemble, puis repliez la torsade sur elle-même à plusieurs reprises pour obtenir une corde courte.

4 Délicatement, mais fermement et rapidement, tout en la tournant, étirez cette corde pour obtenir un brin long, mince, torsadé et régulier.

5 À l'aide de ciseaux robustes légèrement huilés, coupez la pâte en morceaux ; tordez la corde d'un demi-tour vers vous à chaque morceau pour obtenir des faces triangulaires. Laissez refroidir.

6 Conservez les bonbons dans un récipient hermétique, de préférence entre des feuilles de papier sulfurisé pour qu'ils ne collent pas.

Travailler le chocolat

Nombre de bonbons peuvent être trempés ou enrobés de chocolat fondu. Suivez ces étapes pour obtenir un chocolat souple et lisse, puis découvrez dans les pages suivantes quelques techniques de décoration dignes de celles d'un professionnel.

Optez toujours pour la meilleure qualité de chocolat. Il est inutile de perdre du temps à confectionner des bonbons à partir de chocolat de cuisine médiocre ou de préparations de couverture de gâteau aromatisées au chocolat. Pour une saveur très « chocolatée », choisissez un chocolat noir à forte teneur en cacao.

FAIRE FONDRE LE CHOCOLAT

1 Hachez le chocolat en petits morceaux afin qu'il fonde vite et de façon homogène.

2 Mettez le chocolat dans un saladier résistant à la chaleur posé au-dessus d'une casserole d'eau très chaude, mais non bouillante ; le récipient ne doit pas être en contact avec l'eau. Préférez un saladier en verre afin de vérifier que l'eau ne bouille pas et qu'elle ne touche jamais le saladier.

3 Retirez la casserole du feu et remuez le chocolat de temps à autre pendant qu'il fond, jusqu'à élimination de tous les grumeaux. Puis remuez jusqu'à ce que le chocolat soit liquide et lisse. Ne laissez pas la température monter au-delà de 49 °C, ce qui gâcherait la saveur du chocolat.

4 Laissez le chocolat refroidir et épaissir légèrement avant de l'utiliser. Quand il a atteint la bonne consistance de couverture, maintenez la température à niveau constant : posez le saladier au-dessus de l'eau chaude et retirez-le, selon le besoin, pendant que vous travaillez. Tout au long de l'opération, veillez à ce que le chocolat ne soit pas souillé par de la vapeur ou des éclaboussures qui ruineraient le résultat final. Cette technique s'applique à l'enrobage des fruits, des truffes ou de la pâte à sucre.

BON À SAVOIR

Dans le travail du chocolat, il est essentiel de se rappeler qu'il n'adhère pas à une surface humide ou collante ; assurez-vous toujours qu'un moule à chemiser ou un ingrédient à enrober est complètement sec. Préparez les caramels, la pâte à sucre et la pâte d'amandes un jour à l'avance pour leur permettre de sécher correctement.

Le trempage dans le chocolat

Une fourchette à chocolat (page 14) est un ustensile utile pour tremper les bonbons dans le chocolat, mais elle n'est pas essentielle. Pour enrober partiellement un bonbon, tenez-le entre le pouce et l'index ou piquez-le sur une fourchette ou une brochette pour le tremper.

1 Faites fondre le chocolat en suivant les indications données précédemment. Mettez le fruit, la garniture ou la pâte à sucre, un à un, dans le chocolat ; retournez-le délicatement avec une fourchette, puis retirez-le du bain en le soulevant sur les dents de la fourchette.

2 Essuyez le dessous de la fourchette sur le bord du saladier pour éliminer les gouttes de chocolat. Pour enrober partiellement un bonbon, tenez-le entre le pouce et l'index et plongez-le dans le bain à la profondeur voulue.

3 Déposez délicatement le bonbon enrobé de chocolat sur une planche tapissée de papier sulfurisé et laissez sécher jusqu'à ce que le chocolat ait durci.

4 Répétez l'opération avec le reste des bonbons ou des fruits. Vérifiez régulièrement la température du chocolat et remuez-le de temps à autre pour qu'il ne durcisse pas trop. Au besoin, remettez le saladier de chocolat au bain-marie pour l'amollir.

Le moulage des chocolats

Un moule à chocolats est un accessoire précieux pour la confection de chocolats à garniture tendre ou fourrés de noix, de caramel, de fruit, de pâte d'amandes ou autres. Vous pouvez également utiliser des petites caissettes en aluminium ou en papier, voire des moules à glaçons. La même technique s'applique pour des chocolats à la liqueur, un savoureux cadeau pour les grands !

1 Faites fondre le chocolat, comme il est indiqué en page 31. Versez le chocolat, à la cuillère, dans chaque alvéole du moule, à un tiers de la hauteur environ. Tapotez le fond du moule sur le plan de travail pour expulser les bulles d'air.

2 Penchez et faites tourner doucement le moule pour étaler le chocolat dans le fond et les côtés des alvéoles. Au besoin, badigeonnez avec un pinceau souple pour couvrir les côtés de façon uniforme, puis reversez l'excédent de chocolat dans le saladier.

3 Après avoir chemisé toutes les alvéoles, laissez le chocolat prendre pendant 5 min environ, puis ajoutez la garniture. Si celle-ci est tendre, enfoncez-la délicatement dans le fond des alvéoles avec le dos d'une petite cuillère. Essuyez avec soin tout débordement de garniture sur les rebords du moule.

4 Assurez-vous que le chocolat fondu n'a pas commencé à durcir pendant que vous travailliez ; remettez le saladier au-dessus de l'eau chaude pour le ramollir au besoin. À l'aide d'une cuillère, versez un peu de chocolat sur chaque bonbon pour recouvrir la garniture. Tapotez délicatement le fond du moule sur le plan de travail pour expulser les bulles d'air. Avec le pinceau, lissez la surface et brossez les bords pour bien sceller les bonbons, puis laissez-les prendre.

La décoration des chocolats

Des décorations simples de surface apporteront un fini professionnel aux chocolats fourrés. Elles devront être effectuées alors que le chocolat est encore mou.

LIGNES PARALLÈLES
Posez les dents d'une fourchette à plat sur le bonbon, puis tirez légèrement la fourchette sur la surface du chocolat pour tracer des sillons, comme ci-contre, en haut.

POCHE À DOUILLE
Emplissez un cornet en papier sulfurisé de chocolat fondu de couleur inverse de celle du bonbon. Coupez la pointe du cornet pour laisser une très petite ouverture, puis dessinez des lignes fines sur la surface du chocolat.

DÉCORATIONS AJOUTÉES
Remplissez un cornet en papier sulfurisé du même chocolat que celui de l'enrobage du bonbon. Coupez la pointe du cornet pour laisser une très petite ouverture, puis déposez un point de chocolat sur chaque bonbon. Il fera office d'adhésif pour fixer une touche décorative, comme un pétale de fleur confit (ci-contre) ou un grain de café.

CERCLES
Posez le cercle d'une fourchette à chocolat, ou autre forme circulaire, sur la surface du bonbon. Soulevez-le légèrement pour entraîner des fils de chocolat qui formeront un sillon circulaire, puis tirez délicatement la fourchette en arrière, vers vous, pour les libérer.

Les fleurs et les fruits confits

Le confisage des fruits, des fleurs et des écorces de fruits permet de les conserver et de savourer de délicieuses gourmandises. Il existe plusieurs techniques, et même si l'ensemble du processus est assez long, il exige peu de travail aux différentes étapes.

Le confisage est un processus progressif qui se déroule sur 14 jours environ, mais très simple à réaliser. Veillez à utiliser uniquement des fruits mûrs, mais fermes, en parfait état et ne portant aucune marque.

Les petits fruits, tels que les cerises, les abricots et les prunes, peuvent être confits entiers, mais doivent être piqués un peu partout avec une aiguille pour que le sirop pénètre dans la chair. Les fruits plus gros, comme les ananas ou les pêches, seront pelés et coupés en morceaux. Les fruits tendres, comme les framboises ou les fraises, sont inutilisables, car ils se désintégreraient pendant l'opération.

Les fruits confits glacés sont trempés dans un sirop qui leur confère un aspect luisant (voir page 50). Les fruits confits cristallisés sont enrobés de sucre qui leur donne un fini sucré, croustillant.

CONSERVER LES FLEURS ET LES FRUITS CONFITS

Les fruits confits cristallisés doivent être gardés au sec sous peine de dissolution de leur enrobage de sucre. Conservez-les dans un contenant hermétique, entre des feuilles de papier sulfurisé, et dans un endroit frais. Rangés avec soin, ils se conserveront six mois.

FRUITS CONFITS

1 Préparez les fruits, puis pochez-les jusqu'à ce qu'ils soient juste tendres. Transférez les fruits sur une grille posée au-dessus d'une lèchefrite ; ils égoutteront pendant que vous préparerez un sirop à base de 30 cl de liquide de pochage et 125 g de sucre.

2 Transférez les fruits égouttés dans un plat creux, arrosez-les du sirop et laissez macérer pendant 24 h dans un endroit chaud. Au bout de ce laps de temps, transférez à nouveau les fruits sur la grille pour qu'ils égouttent à nouveau.

3 Dissolvez 60 g de sucre dans le sirop pour le concentrer, puis répétez l'enrobage des fruits dans le sirop. Laissez reposer pendant 24 h et faites égoutter l'excédent de sirop à 5 reprises.

4 Ajoutez 6 c. à s. de sucre dans le sirop. Dès la fin de l'égouttement, remettez les fruits dans le plat creux, couvrez-les de sirop et laissez macérer 48 h, puis renouvelez l'opération. Plus la macération sera longue dans sa dernière phase, plus les fruits terminés seront sucrés. Laissez macérer 4 jours au moins. Retirez alors les fruits du sirop, laissez-les égoutter sur une grille, puis terminez le séchage dans un endroit chaud et sec. Saupoudrez-les de sucre en poudre à votre convenance.

LES ÉCORCES CONFITES

Les écorces d'agrumes confites et cristallisées offrent un délicieux contraste de saveurs, douces et légèrement amères. Pour une touche gourmande supplémentaire, enrobez-les de chocolat. Pour éviter trop d'amertume, faites blanchir les écorces d'agrumes avant de les confire. Voir en page 53, une recette d'écorces confites.

LES FLEURS

Le confisage des fleurs fraîches est beaucoup plus rapide que celui des fruits, mais la préparation initiale prend du temps, car toute la surface de chaque pétale doit être badigeonnée uniformément de gomme arabique (en vente en pharmacie). Les petites fleurs, comme la violette et le géranium rosat, peuvent être confites entières, mais les plus grandes – la rose est la plus populaire – sont séparées en pétales. Elles doivent être en parfait état, fraîches et parfaitement sèches.

1 Au moyen d'un pinceau, enrobez les pétales d'un mélange de gomme arabique et d'eau de rose.

2 Tamisez du sucre en poudre sur les pétales et laissez reposer sur une grille, dans un endroit chaud, jusqu'à ce qu'ils soient secs et cassants.

LES BONBONS AUX FRUITS

Le choix de fruits est tellement varié que les bénéfices pour la santé de ces gourmandises sont innombrables. Les oranges et les citrons, riches en antioxydants puissants, sont un allié acidulé pour lutter contre le cancer, l'AVC et les maladies cardiaques ; les figues, les physalis et les coings, bourrés de vitamine C, de potassium et de fibres, sont une base idéale pour des bonbons plus originaux, comme les fruits fourrés à la pâte d'amandes et les pâtes de fruits.

ORANGES ET CITRONS

Les agrumes sont en tête de liste des ingrédients naturels pour soigner un mal de gorge ou un rhume banal, mais ces fruits juteux et acides sont bourrés d'autres propriétés bénéfiques – en plus de leur teneur en vitamine C.

Les oranges, citrons, citrons verts et pamplemousses sont riches en antioxydants puissants, dont la vitamine C, qui possèdent de nombreuses qualités stimulantes pour la santé. Ils participent à renforcer le système immunitaire, à baisser le niveau de stress, à protéger les os et les articulations et à prévenir l'ostéoporose. Ils ont aussi une action préventive sur des maladies graves telles que le cancer, l'accident vasculaire cérébral et les maladies cardiaques. Des études ont établi un lien entre la vitamine C et la fonction oculaire et prouvé que les agrumes avaient une action préventive sur la vue.

Une bonne part des qualités de ces super-fruits est concentrée dans l'écorce, généralement jetée quand on consomme les fruits frais. Les recettes qui emploient l'écorce ou le zeste, même en petite quantité, apportent les flavonoïdes bénéfiques que vous jetteriez autrement, dont l'hespéridine, qui fait baisser le cholestérol LDL et stabilise la tension artérielle. Vous pouvez donc savourer ces friandises en toute sérénité, à condition de vous faire plaisir avec modération.

Les oranges sont naturellement sucrées, mais la pointe d'acidité des citrons, citrons verts et pamplemousses confère une saveur aigre-douce à ces bonbons revigorants.

L'association du chocolat et de l'orange est un classique qui ne déçoit jamais, par exemple les truffes au chocolat blanc et à l'orange (page 42) ou les bouchées au chocolat noir et à la marmelade d'orange (page 48). Même en faible quantité, le fruit tranche sur la richesse du chocolat et allège le bonbon.

L'écorce confite (page 53) est un délicieux grignotage naturellement sucré, qui se conserve des mois dans un bocal hermétique. Et, bien entendu, vous pouvez l'intégrer à d'autres recettes sucrées, dans des gâteaux, ou en décorer des bonbons aux agrumes. Vous en ferez une friandise divine en la trempant dans du chocolat noir fondu (page 53). Les petits citrons ou petites oranges, satsumas ou mandarines, peuvent être confits entiers (page 50) et mangés tels quels ou coupés en quartiers.

Si vous souffrez d'un rhume ou d'une toux sèche, un bonbon au citron maison (page 46) à sucer apaisera vos symptômes. Ou essayez d'ajouter des saveurs propres à lutter contre le rhume avec les fudges au fromage frais au citron et au gingembre (page 49).

Les agrumes sont généralement interchangeables dans les recettes, du moment que vous conservez à peu près la même quantité de fruits. Pesez les fruits pour plus de sûreté, mais, en gros, une orange vaut un citron et demi, deux citrons verts ou un demi-pamplemousse.

Truffes au chocolat blanc et à l'orange

Ces friandises tentantes fondent dans la bouche avec une pointe subtile d'orange acidulée. À votre goût, enrobez les truffes de chocolat blanc ou noir fondu (page 32).

Il vous faudra

- Le zeste de 2 oranges, finement râpé
- 180 ml de crème fraîche liquide
- 300 g de pépites de chocolat blanc
- 45 g de sucre glace

POUR 30 TRUFFES ENVIRON

1 Versez la crème et le zeste d'orange dans une petite casserole et faites chauffer doucement jusqu'à frémissement. Retirez la casserole du feu, couvrez et laissez macérer 30 min.

2 Mettez les pépites de chocolat dans un grand saladier et posez celui-ci au-dessus d'une casserole d'eau frémissante. Remuez souvent jusqu'à ce qu'il ait fondu.

3 Quand le chocolat a fondu, réchauffez brièvement la crème, puis incorporez le chocolat et mélangez intimement.

4 Couvrez le saladier et laissez refroidir, puis mettez-le au réfrigérateur 4 h au moins, ou une nuit.

5 Chemisez une plaque à pâtisserie de papier d'aluminium ou de papier sulfurisé, puis déposez à l'aide d'une cuillère des boules de la préparation, de la taille d'une noix.

6 Mettez la plaque de truffes au congélateur pendant 2 h.

7 Sortez la plaque du congélateur, saupoudrez vos mains de sucre glace et roulez les boules en truffes lisses. Appuyez-les délicatement sur la plaque pour obtenir une base plate, puis remettez la plaque au congélateur pendant 2 h pour que les truffes s'affermissent.

LE CONSEIL DU CHEF

Inutile d'utiliser un chocolat d'excellente qualité, à haute teneur en cacao : les truffes prendront mieux avec des pépites de chocolat ordinaire. Vous conserverez les truffes dans un récipient hermétique, au réfrigérateur, pendant trois jours.

Truffes aux cranberries et à l'orange

Ces truffes sont un régal qui exhale toutes les saveurs de Noël. Vous pouvez les enrober de n'importe quel type de noix ou les rouler dans du cacao en poudre non sucré, à votre goût.

Il vous faudra

290 g de chocolat noir coupé en morceaux

150 ml de crème fraîche liquide

75 ml de Grand Marnier

Le zeste de 1 orange, finement râpé

100 g de cranberries séchées, finement hachées

100 g de noix, finement concassées, pour enrober

POUR 35 TRUFFES ENVIRON

1 Faites ramollir le chocolat dans un saladier résistant à la chaleur posé au-dessus d'une casserole d'eau très chaude.

2 Rincez une casserole à fond épais à l'eau froide, versez la crème et portez à ébullition.

3 Filtrez la crème et incorporez-la au chocolat ; remuez jusqu'à ce que le chocolat ait complètement fondu et que le mélange soit lisse.

4 Retirez la préparation du feu et laissez refroidir à température ambiante.

5 Incorporez en battant le Grand Marnier, le zeste d'orange et les cranberries, puis couvrez et mettez la préparation au frais jusqu'à ce qu'elle soit assez ferme pour être moulée.

6 Modelez les truffes en boules de la taille d'une noix, à l'aide de deux fourchettes froides, puis roulez-les dans la noix concassée.

7 Placez les truffes dans des caissettes en papier et mettez-les au réfrigérateur jusqu'à ce qu'elles soient fermes.

Bonbons au citron maison

Sucer l'une de ces petites pastilles au citron apaisera une gorge qui chatouille ou irritée et vous apportera un supplément de vitamine C. Coupez-les dans la forme de votre choix ou versez la préparation liquide dans un moule en silicone.

Il vous faudra

- 580 ml de compote de pommes non sucrée
- 350 g de sucre
- 75 ml d'eau
- 40 g de gélatine en poudre
- Quelques gouttes d'extrait de citron
- De la fécule de maïs et du sucre glace, pour saupoudrer

POUR 500 G ENVIRON

1 Mouillez une plaque à pâtisserie à l'eau froide.

2 Faites chauffer la compote de pommes et le sucre dans une casserole à fond épais et portez doucement à ébullition en remuant.

3 Mettez l'eau dans un petit saladier et versez la gélatine en pluie. Placez le saladier dans un autre saladier d'eau très chaude et remuez jusqu'à dissolution de la gélatine.

4 Incorporez la gélatine à la compote avec l'extrait de citron.

5 Versez la préparation dans la plaque humectée et laissez prendre pendant 6 h au moins, dans un endroit frais.

6 Démoulez la gelée sur un plan de travail froid pour la découper. À l'aide d'un couteau affûté, humide, découpez la gelée en carrés ou en losanges, ou en cercles ou autres formes au moyen d'un emporte-pièce.

7 Saupoudrez les bonbons d'un mélange de fécule de maïs et de sucre glace.

Bouchées au chocolat noir et à la marmelade d'orange

Une seule de ces bouchées riches en chocolat est une mine de bienfaits. En effet, des études ont démontré que la consommation d'une petite quantité de chocolat noir deux ou trois fois par semaine participe à faire baisser la tension artérielle. Ces bouchées font aussi un fabuleux cadeau.

Il vous faudra

6 oranges
1,15 kg de sucre
350 g de chocolat, cassé en morceaux ou haché
Un moule à barres de chocolat

POUR 16 BOUCHÉES

1 Préparez la garniture à la marmelade : hachez finement les oranges, à l'épaisseur qui vous convient (le robot est la solution la plus rapide). Si vous ne souhaitez pas trop d'écorce dans la marmelade, pelez partiellement les oranges avant de les hacher.

2 Mettez les oranges hachées dans une casserole à fond épais, avec le sucre, et portez à ébullition. Maintenez un gros bouillon pendant 20 minutes, jusqu'à un début d'épaississement. Retirez la casserole du feu.

3 Versez la marmelade avec précaution dans des bocaux nettoyés et stérilisés, fermez et laissez refroidir. Pour cette recette, vous n'aurez besoin que de 100 g de marmelade environ ; vous conserverez le reste jusqu'à un an, dans un endroit frais.

4 Quand la marmelade est froide, assemblez les chocolats. Faites fondre deux tiers du chocolat (voir page 31), puis ajoutez le reste du chocolat et remuez vivement jusqu'à ce qu'il ait complètement fondu. Versez dans le moule une quantité de chocolat suffisant à couvrir le fond, pas plus.

5 Déposez délicatement à la cuillère une mince couche de marmelade ; veillez à ce qu'elle n'atteigne pas le haut et ne touche pas les bords des alvéoles. À l'aide d'une cuillère, versez du chocolat fondu pour enrober complètement la marmelade. Tapotez le fond du moule sur le plan de travail pour expulser les bulles d'air.

6 Laissez refroidir jusqu'à ce que le chocolat ait pris, puis démoulez les bouchées. Vous les conserverez deux semaines, dans un endroit frais.

LE CONSEIL DU CHEF

Variez les saveurs avec des agrumes différents, mais restez aussi près que possible de la quantité indiquée dans la recette. Vous remplacerez 1 orange par 2 citrons verts ou 1 citron et demi. Vous pouvez confectionner ces bouchées avec de la marmelade vendue dans le commerce, à condition qu'elle ait une consistance épaisse ; il vous faudra 100 g environ.

Fudges au fromage frais au citron et au gingembre

Le fromage frais donne toute son onctuosité à ces fudges. Ils ne se conservent pas longtemps, mais préparez un bon lot si vous sentez un rhume démarrer : les propriétés anti-inflammatoires et antiseptiques du gingembre participent à bloquer la toux et à soulager les rhumes.

Il vous faudra

350 g de chocolat, coupé en morceaux
75 g de fromage frais allégé
275 g de sucre glace, tamisé
1 petit citron, pelé et haché
50 g de gingembre confit, haché
De petits morceaux de citron et de gingembre confits, pour décorer

POUR 36 FUDGES

1 Chemisez de papier sulfurisé un moule à manqué peu profond de 25 x 20 cm.

2 Mettez le chocolat dans un petit saladier résistant à la chaleur posé au-dessus d'une casserole d'eau très chaude ; remuez de temps à autre jusqu'à ce que le chocolat ait fondu (voir page 31), puis retirez le saladier.

3 Mettez le fromage frais dans un autre saladier ; incorporez progressivement le chocolat fondu, puis le sucre glace, petit à petit.

4 Incorporez le citron et le gingembre, puis versez la préparation dans le moule. Mettez le moule au réfrigérateur et laissez-le reposer jusqu'à ce que le fudge soit ferme.

5 Découpez le fudge à l'emporte-pièce ou en carrés, et décorez avec des morceaux de citron et de gingembre confits. Conservez les fudges au réfrigérateur, dans une boîte hermétique, entre des feuilles de papier sulfurisé et consommez-les dans un délai de 7 jours.

LE CONSEIL DU CHEF

Ce fudge est tout aussi délicieux avec de l'orange. Remplacez simplement le citron par une mandarine satsuma. Un couteau dentelé est l'idéal pour trancher la chair des agrumes. Un couteau à pain fait l'affaire, mais un couteau à tomate, plus petit, est plus facile à utiliser.

Oranges et citrons confits

Le confisage des fruits est une opération simple, mais de longue durée. Le résultat, fondant dans la bouche et délicieux, mérite cette patience. Vous dégusterez les fruits confits tels quels ou les transformerez en fruits confits glacés ou cristallisés.

Il vous faudra

450 g de fruits préparés
680 g de sucre environ

POUR 450 G ENVIRON

1 Pochez les fruits dans une casserole à fond épais, mouillés d'eau à hauteur, jusqu'à ce qu'ils soient tendres, sans plus : de 2 à 4 min pour les morceaux petits ou tendres, de 10 à 15 min pour les fruits plus gros et plus fermes. Transférez les fruits sur une grille posée sur une lèchefrite et laissez égoutter.

2 Mesurez 280 ml du liquide de pochage, ajoutez 140 g de sucre et faites chauffer à feu doux ; remuez avec une cuillère en bois jusqu'à dissolution du sucre. Portez à ébullition.

3 Disposez les fruits sur une seule couche dans un plat creux et couvrez du sirop bouillant. Si vous manquez de sirop pour recouvrir les fruits, préparez un supplément en dissolvant 190 g de sucre dans 225 ml d'eau.

4 Couvrez les fruits de papier sulfurisé afin qu'ils restent complètement immergés et laissez macérer pendant 24 h dans un endroit chaud.

5 Au moyen d'une écumoire, transférez les fruits sur une grille posée sur une lèchefrite et laissez égoutter.

6 Versez le sirop de pochage dans une casserole, ajoutez 50 g de sucre et faites chauffer à feu doux ; remuez avec une cuillère en bois jusqu'à dissolution du sucre. Portez le sirop à ébullition.

7 Remettez les fruits dans le plat creux, arrosez-les de sirop, couvrez-les de papier sulfurisé et laissez-les macérer à nouveau pendant 24 h.

8 Répétez les étapes 5, 6 et 7 à cinq reprises. Puis répétez l'étape 5, puis l'étape 6 avec 6 c. à s. de sucre. Répétez l'étape 7, mais, cette fois, laissez les fruits macérer 48 h au lieu de 24 h.

9 Retirez les fruits du sirop et préparez un autre sirop avec 6 c. à s. de sucre, puis remettez les fruits dans le plat creux, arrosez-les de sirop, couvrez et laissez macérer pendant 4 jours. Puis, à l'aide d'une écumoire, transférez les fruits sur une grille et laissez égoutter une dernière fois.

10 Laissez les fruits dans un endroit chaud, par exemple le dessus d'un radiateur, jusqu'à ce qu'ils soient complètement secs.

LE CONSEIL DU CHEF

Plus les fruits macèrent longtemps dans le sirop au cours de la dernière phase (étape 9), plus les fruits confits sont sucrés.

Écorces confites

Voici une gourmandise sucrée qui fait du bien, sans conteste : le zeste des oranges et autres agrumes est un concentré de propriétés bénéfiques, trop souvent pelé et jeté.

Il vous faudra

- 5 petites oranges, 2 citrons ou 2 petits pamplemousses
- 350 g de sucre

1 Coupez les fruits en deux ou en quatre et retirez toute la chair sans abîmer l'écorce. Mettez les écorces dans une casserole, mouillez à hauteur et laissez frémir 30 min, jusqu'à ce qu'elles soient tendres. Changez l'eau à deux ou trois reprises dans le cas des écorces de pamplemousse.

2 Retirez les écorces du jus à l'aide d'une écumoire et posez-les sur une grille ; laissez égoutter. Réservez le jus de cuisson.

3 Mesurez 280 ml de jus de cuisson dans une casserole à fond épais ; ajoutez de l'eau au besoin. Ajoutez 190 g de sucre et faites chauffer à feu doux. Portez le sirop à ébullition, ajoutez les écorces et ramenez à ébullition. Retirez la casserole du feu, couvrez et laissez macérer pendant 2 jours.

4 À l'aide d'une écumoire, transférez les écorces sur une grille posée sur une lèchefrite et laissez égoutter. Ajoutez le reste de sucre dans le sirop, faites chauffer doucement et remuez avec une cuillère en bois jusqu'à dissolution du sucre. Remettez les écorces dans la casserole, portez à ébullition, puis laissez frémir jusqu'à ce que les écorces soient transparentes.

5 Quand ils sont froids, transférez les écorces et le sirop dans une terrine et laissez macérer pendant 2 à 3 semaines. Puis, à l'aide d'une écumoire, transférez les écorces sur une grille et laissez-les égoutter. Laissez-les sécher complètement, puis conservez-les dans des bocaux.

ACTION BÉNÉFIQUE

On jette souvent les pelures d'orange, mais le zeste utilisé dans cette recette contient un flavonoïde, l'hespéridine, qui fait baisser le cholestérol LDL et stabilise la tension artérielle.

Écorces confites enrobées de chocolat

Il vous faudra

- 5 petites oranges, 2 citrons ou 2 petits pamplemousses
- 350 g de sucre
- 100 g de chocolat noir, en morceaux

1 Confisez les écorces en fines lamelles selon la méthode expliquée ci-dessus.

2 Faites fondre le chocolat selon la méthode de la page 31.

3 Trempez les deux tiers de chaque écorce dans le chocolat, puis déposez-les sur du papier sulfurisé jusqu'à ce que le chocolat ait pris.

FRUITS EXOTIQUES

Les fruits et les fruits secs oléagineux employés dans les recettes de cette section sont, pour la plupart, cultivés dans des régions chaudes et ensoleillées. Mais, où que vous viviez, vous les trouverez dans les bons supermarchés et, grâce à eux, vous ajouterez une touche exotique à vos bonbons.

Nombre de ces fruits se trouvent le plus fréquemment sous forme séchée, mais ils ont alors perdu une partie de leurs propriétés bénéfiques. Quand vous achetez des fruits secs, lisez les emballages et évitez autant que possible les produits qui contiennent des sulfites ajoutés. Ils sont parfois intégrés comme conservateurs pendant le processus de séchage, mais peuvent provoquer des difficultés respiratoires chez les individus sujets à l'asthme ou à une sensibilité aux sulfites.

Si vous avez des problèmes digestifs – constipation, mais aussi autres troubles intestinaux – les figues et les dattes, riches en fibres, procurent souvent un soulagement. Vous pouvez les fourrer de pâte d'amandes (page 66) ou de chocolat (page 75) pour un petit plaisir occasionnel.

La forte teneur en potassium des figues participe aussi à faire baisser la tension artérielle ; pour ajouter des figues à vos menus, essayez les fruits aux deux chocolats (page 59) ou une variante des somptueux pruneaux fourrés au chocolat (page 75).

Les abricots fourrés à la pâte d'amandes (page 69) sont également très riches en bêta-carotène, dont des études ont démontré qu'il aide à lutter contre le cholestérol LDL, ou « mauvais cholestérol », qui est un agent d'obstruction des artères et de la formation de caillots.

Nombre de fruits utilisés dans cette section se marient parfaitement avec la caroube, un substitut du chocolat sans caféine aux innombrables qualités bénéfiques. Reportez-vous aux délices tropicaux (page 77) pour les découvrir.

Les physalis en coque de chocolat (page 56) apportent des polysaccharides, qui renforcent le système immunitaire et, comme les kumquats (page 62), sont riches en vitamine C.

Presque tous les petits fruits conviennent aux recettes de fruits aux deux chocolats (page 59) et de fondants aux fruits (page 63) ; s'ils ont un pédoncule, ils sont encore plus faciles à préparer. Les cerises sont parfaites et vous bénéficierez de leurs propriétés anti-inflammatoires, qui soulagent les symptômes de l'arthrite et de la goutte ainsi que les articulations et les muscles douloureux après un exercice physique.

Les noix et les graines offrent une large palette de nutriments essentiels et leurs fortes teneurs en acides gras oméga-3 stimulent les capacités intellectuelles et le moral. Beaucoup contiennent un acide aminé, le tryptophane, que l'organisme transforme en sérotonine – un remède naturel à l'insomnie et à la dépression légère. Saupoudrez une poignée de ce boosteur du cerveau sur les délices tropicaux (page 77).

Physalis en coque de chocolat

La plupart des fruits et des noix sont délicieux enrobés de chocolat. Les physalis ont un pédoncule qui facilite le trempage et ils sont particulièrement esthétiques.

Il vous faudra

100 g de chocolat blanc, coupé en morceaux
100 g de chocolat noir, coupé en morceaux
24 g de physalis

POUR 24 FRUITS ENROBÉS

1 Faites fondre le chocolat blanc au bain-marie (page 31), puis retirez le récipient du feu. Remuez bien le chocolat fondu afin qu'il soit lisse et d'une bonne consistance pour tremper et enrober le fruit.

2 Un à un, prenez les fruits par la tige et trempez-les dans le chocolat fondu. Vous pouvez les tremper entièrement, jusqu'au pédoncule, ou partiellement, mais pour l'harmonie finale, gardez une homogénéité.

3 Sortez le fruit du chocolat et laissez le chocolat en excédent égoutter au-dessus du récipient, puis déposez-le délicatement sur du papier sulfurisé et laissez sécher. Enrobez la moitié des fruits de chocolat blanc, puis répétez l'opération avec le chocolat noir et le reste des fruits.

4 Pour conserver les fruits enrobés, placez-les dans des caissettes en papier, puis disposez celles-ci sur une seule couche dans une boîte ou autre récipient hermétique. Conservez dans un endroit frais.

ACTION BÉNÉFIQUE

À poids égal, les physalis contiennent autant de vitamine C que les citrons. Ils sont également riches en polysaccharides, qui renforcent le système immunitaire.

Fruits aux deux chocolats

Le contraste entre le chocolat blanc et le chocolat noir sur ces merveilles est un plaisir de l'œil. Prenez votre temps pour réaliser un beau travail ; laissez le chocolat blanc prendre correctement avant de tremper les fruits dans le chocolat noir, sous peine d'obtenir un résultat peu soigné.

Il vous faudra

12 fruits environ, tels que fraises, cerises, segments d'orange, kiwis ou fruits secs à noyau (dattes, abricots ou pruneaux)
100 g de chocolat blanc de bonne qualité
75 g de chocolat noir

POUR 12 FRUITS ENROBÉS

1 Nettoyez et préparez les fruits. Essuyez les fraises avec un linge propre ou un pinceau à pâtisserie ; rincez et séchez les fruits à peau ferme ; pelez ou tranchez les autres fruits. Posez les fruits sur du papier absorbant pour éliminer toute trace d'humidité.

2 Coupez ou cassez le chocolat en petits morceaux. Posez un saladier résistant à la chaleur au-dessus d'une casserole d'eau frémissante et ajoutez le chocolat blanc. Faites fondre le chocolat (page 31) ; remuez souvent jusqu'à ce qu'il soit lisse, puis retirez le récipient.

3 Laissez le chocolat tiédir ; remuez de temps à autre afin qu'il reste lisse.

4 Chemisez une plaque à pâtisserie de papier sulfurisé ou de papier d'aluminium, puis commencez à tremper les fruits dans le chocolat. Tenez chaque fruit par la tige ou une extrémité et trempez-le en biais pour enrober les deux tiers du fruit environ.

5 Laissez l'excédent de chocolat s'égoutter, puis posez chaque fruit sur la plaque. Laissez prendre.

6 Si le chocolat commence à épaissir, remettez le saladier au-dessus de l'eau frémissante pendant quelques instants, afin qu'il se ramollisse.

7 Dans un autre saladier, faites fondre le chocolat noir comme vous avez fait fondre le blanc. Quand il est lisse et soyeux, retirez le récipient et laissez tiédir le chocolat.

8 Trempez les fruits dans le chocolat noir fondu, soit complètement, soit dans le sens inverse pour créer un effet de chevron. Reposez-les délicatement sur la plaque et mettez celle-ci au réfrigérateur jusqu'à ce que le chocolat ait pris.

Pâtes de coing

Il est rare de trouver des coings dans un supermarché, mais si vous avez la chance d'avoir un arbre dans votre jardin ou d'en trouver au marché local, vous adorerez leur saveur parfumée, qui donne des friandises délicieusement originales.

Il vous faudra

1,3 kg de coings, pelés, évidés et tranchés

225 ml d'eau

Du sucre, voir l'étape 3 ci-contre + supplément pour enrober

POUR 250 G ENVIRON

1 Mettez les coings et l'eau dans une casserole à fond épais et portez à ébullition. Faites cuire doucement jusqu'à ce que les fruits soient tendres et roses (1 h 30 environ, selon la maturité des fruits).

2 Retirez la casserole du feu. Écrasez les fruits en purée, avec le jus de cuisson, puis passez celle-ci au chinois pour obtenir une purée lisse.

3 Pesez la purée de fruits, et remettez-la dans la casserole. Ajoutez un poids équivalent de sucre. Faites chauffer à feu doux et remuez jusqu'à dissolution du sucre. Montez le feu et laissez cuire, en remuant sans cesse, pour éviter que la pâte n'attache et ne brûle.

4 Préchauffez le four à sa température la plus faible et chemisez plusieurs plaques à pâtisserie de papier sulfurisé.

5 Quand la pâte est très épaisse et se détache de la paroi de la casserole lorsque vous remuez, retirez la casserole du feu. Étalez la pâte sur les plaques à pâtisserie, sur une épaisseur de 1 cm. Laissez la pâte refroidir un peu, puis, avec les mains mouillées, aplatissez-la légèrement et lissez-la.

6 Enfournez les plaques et laissez la pâte se dessécher pendant 12 h environ, porte du four entrouverte.

7 Sortez les plaques du four et laissez refroidir. Coupez la pâte en carrés avec un couteau affûté, passé sous l'eau très chaude, et enrobez-les de sucre. Placez les pâtes de coing dans une boîte hermétique, entre des feuilles de papier sulfurisé, et conservez-les dans un endroit frais et sec.

Bouchées d'ananas confit

Les bouchées d'ananas sont de délicieux concentrés de douceur, et vous profiterez des propriétés antioxydantes de la vitamine C, présente en abondance dans ce fruit.

Il vous faudra

1 ananas entier
380 g de sucre
225 ml d'eau

POUR 700 G ENVIRON

1 Pelez et évidez l'ananas ; coupez la chair en morceaux de la taille d'une bouchée.

2 Préparez un sirop de sucre (page 18) : faites chauffer l'eau et le sucre dans une casserole à fond épais.

3 Quand le sirop arrive à ébullition, ajoutez les morceaux d'ananas et baissez le feu. Laissez frémir jusqu'à ce que les morceaux deviennent translucides.

4 Retirez la casserole du feu. À l'aide d'une écumoire, retirez les fruits du sirop et posez-les sur une grille pour qu'ils égouttent. Vous pouvez laisser les fruits sécher complètement à ce stade, mais pour une saveur plus sucrée et plus intense, répétez la séquence de macération, égouttage et à nouveau macération, comme il est indiqué en page 50.

Kumquats confits

Il vous faudra

350 g de sucre
225 ml d'eau
450 g de kumquats
Anis étoilés ou bâton de cannelle, facultatif

POUR 450 G ENVIRON

1 Préparez un sirop avec le sucre et l'eau. Portez à ébullition dans une casserole à fond épais, puis ajoutez les kumquats et les épices ou autre aromatisant de votre choix. Laissez frémir de 10 à 15 min, à découvert, jusqu'à ce que les fruits soient tendres ; vérifiez avec la pointe d'un couteau.

2 Retirez la casserole du feu et laissez les fruits macérer dans le sirop pendant 4 h.

3 Égouttez et réservez les fruits, puis remettez le sirop dans la casserole et faites bouillir 10 min environ, jusqu'à ce qu'il soit assez épais pour napper le dos d'une cuillère.

4 Mettez les kumquats dans un grand bocal stérilisé et arrosez du sirop épaissi. Si vous préférez, faites sécher les kumquats confits sur une grille, dans un endroit chaud, jusqu'à ce qu'ils ne soient plus collants au toucher.

Fondants aux fruits

Pour qu'une pâte à sucre ait la bonne consistance de trempage et d'enrobage des fruits et des noix, amollissez-la au-dessus d'une casserole d'eau frémissante. Quand la pâte à sucre a séché, vous pouvez tremper à nouveau les friandises, cette fois dans du chocolat fondu, pour une double gourmandise.

Il vous faudra

- 380 g de sucre
- 140 ml d'eau
- 1 c. à s. de sirop de glucose
- 450 g environ de petits fruits entiers, tels que fraises, cerises ou physalis avec les pédoncules, ou des segments d'orange

POUR 450 G ENVIRON

1 Préparez la pâte à sucre, avec du sucre et de l'eau, selon les instructions de la page 24. Incorporez le sirop de glucose dans le sirop de sucre, puis laissez la pâte à sucre durcir pendant une nuit.

2 Lavez les fruits et séchez-les soigneusement ; écartez tout fruit qui n'est pas en parfait état.

3 Faites fondre la pâte à sucre au bain-marie. Remuez sans cesse et ajoutez un peu d'eau chaude si la pâte est trop épaisse pour un enrobage homogène. Ne laissez pas la température dépasser 65 °C.

4 Tenez chaque fruit par la tige ou par une extrémité et trempez-le dans la pâte à sucre fondue.

5 Laissez égoutter l'excédent de pâte à sucre au-dessus du récipient, puis posez le fruit sur le papier sulfurisé. Laissez sécher de 5 à 10 min.

6 Quand la pâte à sucre a pris, placez les fruits dans des caissettes en papier afin qu'ils ne collent pas les uns aux autres ; c'est également une jolie présentation pour un cadeau.

ACTION BÉNÉFIQUE

Les cerises, parfaites dans cette recette, ont d'excellentes propriétés anti-inflammatoires qui aident à soulager les symptômes de la goutte et de l'arthrite. Des études indiquent qu'elles soulagent les articulations et les muscles endoloris après un exercice physique ; ces friandises sont donc une gourmandise idéale après une séance d'entraînement.

LE CONSEIL DU CHEF

Si la pâte à sucre est trop dure ou les fruits trop mûrs, ceux-ci risquent de tomber de leurs tiges quand vous les trempez. Ajoutez un peu d'eau très chaude dans la pâte pour l'amollir au besoin. Si vous ne pouvez pas tenir les fruits par les tiges, tenez-les délicatement avec une pince à glaçons et ne les trempez que partiellement.

Pâte d'amandes sans cuisson

La pâte d'amandes classique est à base de poudre d'amandes, mais d'autres fruits secs oléagineux offrent des variantes intéressantes. Quand vous maîtriserez la confection de la pâte d'amandes de base, goûtez à l'enrobage de chocolat fondu ou fourrez des fruits secs (pages 66-69).

Il vous faudra

130 g de sucre glace, tamisé
100 g de sucre en poudre
170 g de poudre d'amandes
1 c. à c. de jus de citron
2 jaunes d'œufs, battus

POUR 450 G ENVIRON

1 Mélangez les sucres dans un saladier et incorporez la poudre d'amandes.

2 Ajoutez le jus de citron et une quantité de jaune d'œuf suffisante pour obtenir une consistance ferme.

3 Modelez la pâte d'amandes en forme de boule et pétrissez-la délicatement jusqu'à ce qu'elle soit lisse. Ne la pétrissez pas trop, sous peine qu'elle devienne huileuse. Si la pâte semble trop mouillée, saupoudrez un peu de sucre glace supplémentaire et incorporez-le en pétrissant.

4 Utilisez la pâte d'amandes immédiatement au besoin, ou enveloppez-la de papier sulfurisé ou de film alimentaire et gardez-la dans un récipient hermétique, dans un endroit frais. Elle se conservera une semaine au réfrigérateur.

Pâte d'amandes cuite

Il vous faudra

Du sucre glace, pour saupoudrer
380 g de sucre en poudre
150 ml d'eau
1 pincée de crème de tartre
340 g de poudre d'amandes
2 blancs d'œufs, battus

POUR 900 G ENVIRON

1 Saupoudrez le sucre glace sur un marbre ou une grande plaque à pâtisserie et faites chauffer le thermomètre dans un bol d'eau très chaude.

2 Faites chauffer doucement le sucre dans l'eau, dans une casserole à fond épais, et remuez avec une cuillère en bois jusqu'à dissolution du sucre.

3 Ajoutez la crème de tartre et portez à ébullition pendant 3 min.

4 Mettez le thermomètre dans la casserole et maintenez l'ébullition jusqu'à ce que le sirop atteigne une température de 116 °C, le stade du petit boulé (page 21).

5 Retirez la casserole du feu et plongez le fond dans l'eau froide, puis battez le sirop jusqu'à obtenir une consistance épaisse et crémeuse.

6 Incorporez la poudre d'amandes, puis les blancs d'œufs, et mélangez intimement.

7 Mettez la casserole à feu doux et remuez soigneusement pendant 2 min, jusqu'à ce que la pâte épaississe.

8 Transférez la pâte d'amandes sur le marbre ou la plaque à pâtisserie et travaillez-la avec une spatule en métal. Quand elle est assez froide pour être manipulée, pétrissez-la avec les mains légèrement saupoudrées de sucre glace, jusqu'à ce qu'elle soit lisse et souple.

9 Utilisez la pâte d'amandes immédiatement au besoin, ou enveloppez-la de papier sulfurisé, placez-la dans un récipient hermétique et conservez-la dans un endroit frais.

LE CONSEIL DU CHEF

Il existe deux façons de préparer la pâte d'amandes : à chaud et à froid. La pâte d'amandes cuite est basée sur un sirop de sucre cuit et elle est plus souple à travailler, donc idéale pour confectionner des friandises. La pâte d'amandes sans cuisson contient des jaunes d'œufs crus.

Dattes fourrées à la pâte d'amandes

Les dattes sont un remède bien connu à la constipation, mais elles sont également riches en fer et contiennent divers éléments essentiels à la santé des os. Bourrées de sucres naturels, elles sont un excellent grignotage énergétique.

Il vous faudra

24 dattes

175 g de pâte d'amandes (pages 64-65)

Du sucre en poudre, pour saupoudrer

POUR 24 DATTES FOURRÉES

1 Choisissez des dattes de bonne qualité. Des dattes bon marché seront plus petites et probablement plus sèches, moins délicieuses.

2 Incisez les dattes dans la longueur à l'aide d'un petit couteau affûté et extrayez délicatement le noyau.

3 Modelez la pâte d'amandes en boulettes de la taille de la cavité laissée par le noyau.

4 Fourrez les dattes de pâte d'amandes et roulez-les dans le sucre en poudre. Placez-les dans des caissettes en papier et laissez-les sécher.

LE CONSEIL DU CHEF

Si vous souhaitez colorer la pâte d'amandes comme sur la photo ci-contre, versez quelques gouttes de colorant alimentaire au moment où vous incorporez la poudre d'amandes dans la pâte d'amandes cuite (page 65) ou quand vous ajoutez les jaunes d'œufs dans la pâte d'amandes sans cuisson (page 64). Vous pouvez également mettre des aromatisants à ce stade, du chocolat par exemple. Ajoutez 50 g de chocolat fondu pour 450 g de pâte d'amandes préparée.

Abricots fourrés à la pâte d'amandes

Riches en fibres et en bêta-carotène, les abricots participent à protéger le cœur, le système digestif et la vue. Vérifiez l'emballage des abricots séchés et évitez les produits qui ont été traités avec des sulfites pendant le séchage ou comme conservateur.

Il vous faudra

24 abricots secs

175 g de pâte d'amandes (pages 64-65)

270 g de chocolat noir, coupé en morceaux

POUR 24 ABRICOTS FOURRÉS

1 Faites gonfler les abricots secs dans l'eau pendant une nuit, puis pochez-les légèrement dans leur liquide de trempage jusqu'à ce qu'ils soient tendres. Vous pouvez sauter cette étape dans le cas des abricots qui ne demandent pas de trempage, mais ceux-ci contiennent généralement des sulfites.

2 Filtrez le liquide de pochage et transférez les abricots sur une grille pour égoutter l'excédent de liquide, puis séchez-les avec du papier absorbant.

3 Incisez les abricots dans la longueur à l'aide d'un petit couteau affûté et écartez la chair.

4 Modelez la pâte d'amandes en boulettes de la taille de la cavité et fourrez délicatement les abricots.

5 Faites fondre les morceaux de chocolat au bain-marie (page 31) ; remuez jusqu'à ce qu'il soit fondu et lisse, puis retirez le récipient.

6 Trempez les abricots fourrés un à un dans le chocolat fondu. Laissez égoutter l'excédent de chocolat au-dessus du récipient, puis posez les fruits sur une grille chemisée de papier sulfurisé ; laissez-les jusqu'à ce que le chocolat ait complètement pris. Si le chocolat commence à durcir, remettez le récipient au-dessus de l'eau frémissante jusqu'à ce qu'il soit à nouveau lisse.

Roulés de pâte d'amandes à l'ananas

Entraînez-vous à cette technique de base de la pâte d'amandes roulée, puis expérimentez des variantes de saveurs : incorporez une note d'essence de café ou de sirop de chocolat, ou divers fruits confits.

Il vous faudra

280 g de pâte d'amandes (page 65)
Du sucre glace, pour rouler
60 g d'ananas confit glacé (page 62)
Du sucre en poudre, pour saupoudrer

POUR 24 ROULÉS ENVIRON

1 Sur un plan de travail légèrement saupoudré de sucre glace, pétrissez la pâte d'amandes jusqu'à ce qu'elle soit lisse et souple.

2 Étendez la pâte au rouleau jusqu'à une épaisseur de 5 mm, en rectangle aussi net que possible.

3 Hachez finement l'ananas confit et éparpillez les morceaux sur la pâte d'amandes de façon homogène.

4 Roulez la pâte d'amandes sur elle-même, en partant de l'un des bords les plus longs, et pressez-la délicatement, mais fermement, pour la modeler en boudin. Si vous avez du mal à rouler une grande largeur, coupez au préalable la plaque de pâte en bandes.

5 Saupoudrez le roulé de sucre et enrobez-le de toutes parts.

6 À l'aide d'un couteau bien aiguisé, découpez le roulé en bouchées.

Roulés exotiques

Il vous faudra

280 g de pâte d'amandes (page 65)
Du sucre glace, pour rouler
60 g de fruits exotiques confits glacés (page 62)
De la noix de coco en poudre, pour saupoudrer

POUR 24 ROULÉS ENVIRON

1 En suivant la méthode de la page 62, fabriquez des fruits exotiques confits glacés avec de l'ananas, de la mangue et de la papaye par exemple.

2 Suivez les points 1 à 4 de la recette ci-dessus pour former le roulé aux fruits exotiques.

3 Saupoudrez le roulé de noix de coco en poudre et enrobez-le de toutes parts. À l'aide d'un couteau bien aiguisé, découpez le roulé en bouchées.

Sucettes aux fruits secs et aux noix

Un moule permet d'obtenir des sucettes parfaitement rondes, mais le charme de ces gourmandises réside également dans leur irrégularité et leur aspect « maison ». À vous de choisir la garniture, par exemple des pistaches, des griottes séchées ou des abricots secs.

Il vous faudra

350 g de pépites de chocolat noir

24 bâtons à sucette en bois

115 g de pépites de chocolat blanc

150 g de mélange de fruits secs et de noix, hachés

POUR 24 SUCETTES

1 Chemisez plusieurs plaques à pâtisserie de papier sulfurisé.

2 Faites fondre 260 g de pépites de chocolat noir dans un saladier résistant à la chaleur posé au-dessus d'une casserole d'eau frémissante (page 31). Remuez jusqu'à ce que le chocolat ait fondu, puis retirez le récipient de la source de chaleur et incorporez le reste de pépites de chocolat. Vous éviterez ainsi que le chocolat ne devienne grumeleux.

3 Continuez à remuer jusqu'à ce que le chocolat ait complètement fondu, avec une texture lisse.

4 Au moyen d'une cuillère, déposez des disques de chocolat fondu sur les plaques à pâtisserie, aussi nets que possible. Travaillez sur 6 sucettes à la fois afin que le chocolat n'ait pas pris avant que vous soyez prêt.

5 Placez un bâton à sucette dans chaque disque de chocolat ; vérifiez qu'il est assez enfoncé dans le chocolat et bien au centre du disque, et retournez-le pour l'enrober complètement.

6 Quand les sucettes sont terminées, laissez-les reposer jusqu'à ce qu'elles aient durci.

7 Faites fondre les pépites de chocolat blanc de la même façon que précédemment, puis arrosez les disques de chocolat d'un filet de chocolat blanc fondu.

8 Parsemez de noix et de graines avant que le chocolat blanc ait complètement pris ; appuyez légèrement au besoin pour qu'elles adhèrent.

9 Laissez les sucettes finir de prendre, puis retirez-les délicatement des plaques à pâtisserie, au moyen d'une spatule.

ACTION BÉNÉFIQUE

Les flavonoïdes présents dans le chocolat ont des propriétés antioxydantes bienfaisantes pour le cœur, les veines et les artères. Si un abus de chocolat n'est jamais bon pour vous, une petite ration hebdomadaire apporte des bénéfices réels, dont une baisse de la tension artérielle et du stress.

Pruneaux fourrés au chocolat

La chair sucrée et moelleuse des pruneaux, riches en fibres, est le complément parfait d'une garniture et d'un enrobage de chocolat. Ces gourmandises sont réservées aux adultes et accompagnent merveilleusement le café de fin de repas.

Il vous faudra

- 24 gros pruneaux secs, dénoyautés (prétrempés ou amollis)
- 40 g de beurre doux
- 75 g d'amandes mondées, hachées et grillées
- 1 jaune d'œuf
- 1 c. à s. d'Amaretto
- 90 g de chocolat noir, fondu et refroidi

CHOCOLAT DE TREMPAGE

- 200 g de chocolat en morceaux
- 65 g de beurre doux

POUR 24 PRUNEAUX

1 Au robot, mixez le beurre, les amandes, le jaune d'œuf et l'Amaretto, jusqu'à obtention d'un mélange crémeux. Versez lentement le chocolat fondu et continuez à mixer jusqu'à ce que le mélange soit homogène.

2 Versez la préparation chocolatée dans une terrine et laissez celle-ci 1 h au réfrigérateur ; elle doit être assez ferme pour fourrer les pruneaux.

3 Chemisez une plaque à pâtisserie de papier sulfurisé. Au moyen d'une poche à douille, fourrez les pruneaux un à un de préparation chocolatée. Insérez-la dans la cavité laissée par le noyau. Posez les fruits fourrés sur la plaque à pâtisserie et faites refroidir 30 min au réfrigérateur.

4 Dans une casserole, à feu doux, faites fondre ensemble le chocolat de trempage et le beurre et remuez fréquemment jusqu'à une texture lisse. Retirez la casserole du feu. Laissez le chocolat refroidir à température ambiante ; remuez de temps à autre pour maintenir une texture lisse et sans grumeaux.

5 Piquez chaque pruneau fourré sur une pique en bois et trempez-le dans le chocolat. Laissez l'excédent de chocolat s'égoutter au-dessus de la casserole, puis posez les fruits enrobés sur la plaque à pâtisserie. Laissez le chocolat prendre. Aidez-vous d'une autre pique en bois pour faire glisser la première hors du fruit.

6 Mettez les pruneaux fourrés au réfrigérateur pendant 1 h au moins avant de servir, afin que le chocolat prenne complètement.

LE CONSEIL DU CHEF

Les figues peuvent remplacer les pruneaux. Elles sont une bonne source de potassium, qui régule la tension artérielle.

Caramels à la grenade

Vous trouverez de la mélasse de grenade dans les boutiques de produits diététiques et les épiceries libanaises ou moyen-orientales. Épaisse, visqueuse et acidulée, elle apporte une touche exotique à ces bonbons au caramel.

Il vous faudra

250 g de sucre cristallisé
60 ml d'eau
1 c. à s. de golden syrup
3 c. à s. de mélasse de grenade
115 g de beurre

POUR 450 G ENVIRON

1 Graissez un moule à manqué de 23 cm ou chemisez-le de papier d'aluminium. Placez le thermomètre à sucre dans un bol d'eau très chaude.

2 Mettez tous les ingrédients dans une casserole à fond épais. Faites chauffer à feu doux et remuez jusqu'à dissolution et mélange homogène.

3 Mettez le thermomètre à sucre dans la préparation et portez à ébullition. Remuez régulièrement pour éviter que le sirop n'attache ou ne brûle au fond de la casserole. Laissez bouillir jusqu'à ce que le sirop atteigne 138 °C, le stade du petit cassé (page 21).

4 Dès que le sirop est prêt, retirez la casserole du feu et trempez le fond avec précaution dans l'eau froide pour interrompre la cuisson. Versez la préparation dans le moule.

5 Laissez le sirop refroidir quelques minutes ; quand il commence à durcir et qu'un couteau laisse une trace à la surface, entaillez la plaque en carrés sans la transpercer complètement.

6 Quand la plaque est froide, démoulez-la et cassez-la en carrés le long des entailles. Conservez les bonbons dans un contenant hermétique jusqu'à 3 mois.

LE CONSEIL DU CHEF

Surveillez la préparation quand elle bout et atteint la température voulue, car elle passe vite du stade presque cuit au stade brûlé.

Délices tropicaux

Ces friandises à la saveur chocolatée sont confectionnées avec de la caroube, qui peut remplacer le chocolat dans la plupart des recettes. Elle n'offre pas un fini aussi luisant, mais elle ne contient pas de caféine, pas de gluten et pas d'acide oxalique.

Il vous faudra

- 175 g de miel liquide
- 150 g de golden syrup
- 75 g de beurre doux, coupé en dés
- 100 g de melange de fruits tropicaux secs, hachés, supplément pour décorer
- 100 g de caroube, hachée

POUR 25 CARRÉS

ACTION BÉNÉFIQUE

La caroube est issue des gousses du fruit du caroubier. Elle est riche en protéines et contient des tanins riches en acide gallique, aux propriétés antiseptiques et antibactériennes, et qui participe à prévenir les allergies. Les tanins ont aussi une action bénéfique sur le système digestif et les fibres insolubles de la caroube aident à réguler les taux de glycémie ; cette friandise est donc une bénédiction pour les personnes sujettes au diabète.

1 Graissez un moule à manqué carré de 18 cm.

2 Placez le thermomètre à sucre dans un bol d'eau très chaude. Mettez le miel, le golden syrup et le beurre dans une casserole et faites chauffer, en remuant, jusqu'à ce que le beurre ait fondu.

3 Portez à ébullition, plongez le thermomètre à sucre dans le sirop et maintenez le bouillonnement jusqu'à 121 °C, le stade du gros boulé (page 21).

4 Retirez la casserole du feu et trempez le fond avec précaution dans l'eau froide pour interrompre la cuisson. Incorporez les fruits tropicaux secs (réservez une poignée pour la décoration), puis versez la préparation dans le moule, en couche uniforme.

5 Faites fondre la caroube dans un saladier résistant à la chaleur posé au-dessus d'une casserole d'eau frémissante, comme vous feriez fondre du chocolat (page 31). Remuez de temps à autre pour éviter les grumeaux et lisser.

6 Versez la caroube fondue dans le moule ; recouvrez complètement les fruits et la préparation sirupeuse. Éparpillez le reste de fruits exotiques à la surface, pour décorer.

7 Quand la préparation commence à prendre, marquez-la en carrés à l'aide d'un couteau. Quand elle est complètement prise et dure, cassez-la ou coupez-la en morceaux.

POMMES ET POIRES

Un vieil adage affirme qu'une pomme par jour éloigne le médecin et les innombrables bienfaits de ce fruit de base sont indéniables, du renforcement du système immunitaire à la limitation des risques de maladie cardiaque.

La vitamine C n'est pas seule en cause. Les pommes sont riches en antioxydants, mais elles contiennent aussi beaucoup de pectine, qui limite la formation des plaques de cholestérol sur la paroi des vaisseaux sanguins et, par conséquent, prévient les risques de maladie cardiaque et d'athérosclérose. Ces agents de protection se trouvent dans la peau des pommes, mais aussi dans le jus de pomme et dans la pulpe fraîche ; les pâtes de fruits, telles que les pâtes de pomme verte (page 85), devraient vous apporter les mêmes bénéfices.

Les poires partagent de nombreuses qualités des pommes. Les pear drops (page 82) sont une délicieuse gourmandise désuète, mais les poires peuvent remplacer les pommes dans la pâte de pomme verte et le cuir de pomme (page 83) ; la saveur des poires étant plus délicate, le goût des bonbons sera plus subtil.

Des études menées sur l'asthme ont montré que le jus de pomme aide à soulager les symptômes des jeunes asthmatiques ; les bonbons à la pomme peuvent être une alternative au jus de pomme, ou être proposés simultanément. Les flavonoïdes et les acides phénoliques présents dans ce fruit sont réputés pour calmer l'inflammation des voies respiratoires et peuvent faciliter la respiration chez l'enfant.

Les pommes sont également riches en potassium, qui agit sur la tension artérielle et diminue le risque d'accident vasculaire cérébral ; elles sont donc un agent efficace dans le cadre d'un régime alimentaire en cas de maladie grave. Les pommes d'amour (page 80) ne perdent aucune des propriétés de la pomme, car le fruit reste intact. Leur croquant sucré est une variante agréable de la saveur du fruit.

D'après des observations, un antioxydant présent dans les pommes rouges, la quercétine, aiderait à lutter contre les effets de la dégénérescence cérébrale liée à l'âge et les flavonoïdes auraient des propriétés de protection du cerveau.

La quercétine inhibe également l'action des enzymes, qui décomposent les glucides complexes en sucres simples, et aiderait donc à réguler le taux de glycémie dans le sang. De plus, d'autres composants des pommes (les polyphénols) permettent de stimuler la production d'insuline et d'inhiber l'absorption du glucose, ce qui peut compenser les effets du sucre consommé dans les bonbons eux-mêmes.

Un autre flavonoïde qu'on ne trouve que dans les pommes, la phloridzine, aide à augmenter la densité osseuse et peut être un élément de protection important contre l'ostéoporose chez les femmes ménopausées.

Pommes d'amour

Il n'y a pas de soirée autour d'un feu de joie ni d'Halloween sans pomme d'amour douce et sucrée. Dès que vous maîtriserez l'enrobage de base, laissez libre cours à votre imagination et enrichissez-le avec des noix diverses, des graines de sésame ou de la noix de coco non sucrée.

Il vous faudra

8 pommes croquantes
300 g de sucre en poudre
8 brochettes en bois ou bâtons à sucette
Une garniture supplémentaire, par exemple graines de sésame, paillettes de sucre, noix ou noix de coco (facultatif)

POUR 8 POMMES D'AMOUR

1 Commencez par laver les pommes pour retirer un éventuel revêtement cireux sur la peau qui empêcherait le caramel d'adhérer. Placez les pommes dans un grand saladier et arrosez-les d'eau bouillante. Sortez-les de l'eau à l'aide d'une écumoire et séchez-les soigneusement avec du papier absorbant. Mettez le thermomètre à sucre dans le saladier d'eau bouillante pour le chauffer en prévision de son immersion dans le sirop.

2 Tordez le pédoncule de chaque pomme pour l'arracher ; enfoncez une brochette ou un bâton à sucette à son emplacement, assez profondément, mais en laissant une longueur suffisante pour une bonne tenue. Réservez les pommes.

3 Tapissez une plaque à pâtisserie de papier sulfurisé.

4 Préparez un sirop de sucre (page 18) : mettez le sucre et l'eau dans une grande casserole à fond épais, à feu doux. Remuez jusqu'à dissolution complète du sucre et bouillonnement du sirop.

5 Cessez de remuer à ce stade et placez le thermomètre à sucre dans le sirop. Maintenez le bouillonnement jusqu'à 154 °C, le stade du grand cassé (page 21). À ce moment, une boule de sirop plongée dans de l'eau très froide devrait durcir immédiatement et être cassante à sa sortie de l'eau. Le caramel doit être dur, sans aucun moelleux.

6 Quand le sirop est prêt, retirez la casserole du feu et plongez délicatement le fond de la casserole dans l'eau froide pour interrompre la cuisson et éviter que le sirop ne brûle. Rapidement, mais avec précaution, trempez les pommes une à une dans le sirop et faites-les tourner pour les enrober complètement.

7 Quand vous sortez les pommes du sirop, laissez égoutter l'excédent de sirop, puis roulez-les ou trempez-les dans un autre enrobage de votre choix avant de les laisser prendre sur la plaque à pâtisserie.

ACTION BÉNÉFIQUE

Bien qu'enrobées de caramel, les pommes qui sont le cœur de cette douceur gardent toutes leurs qualités. Elles sont riches en fibres, contiennent de la pectine qui fait baisser le taux de cholestérol. Elles sont également riches en potassium, qui aide à réguler la tension artérielle.

Pear drops

Ce bonbon rétro adoré des Britanniques est aromatisé avec du jus et de l'extrait de poire et offre une saveur plus délicate que les versions à la poire et à la banane vendues dans le commerce. Vous trouverez des extraits naturels dans les magasins de produits diététiques.

Il vous faudra

380 g de sucre
130 g de glucose en poudre
180 ml de jus de poire non sucré
1 c. à c. de crème de tartre
Quelques gouttes d'extrait de poire
Du sucre glace, pour enrober

POUR 550 G ENVIRON

1 Huilez un moule à manqué carré de 18 cm et placez le thermomètre à sucre dans un bol d'eau très chaude pour le réchauffer.

2 Faites chauffer doucement le sucre, le glucose et le jus de poire dans une casserole à fond épais ; remuez avec une cuillère en bois jusqu'à dissolution du sucre. Si vous ne disposez pas de jus de poire, remplacez-le simplement par de l'eau.

3 Portez à ébullition et laissez bouillir 3 min.

4 Placez le thermomètre dans la casserole et maintenez le bouillonnement jusqu'au stade du grand cassé, à 154 °C (page 21).

5 Retirez la casserole du feu, incorporez la crème de tartre et l'extrait de poire ; versez le sirop dans le moule huilé.

6 Laissez reposer quelques instants, jusqu'à ce que le sirop soit assez froid pour être manipulé. Démoulez sur le plan de travail et coupez en petits morceaux à l'aide de ciseaux légèrement huilés. Modelez les morceaux en boulettes. Si vous ne travaillez pas assez rapidement, le sucre durcira et vous n'arriverez qu'à le briser en éclats.

7 Quand elles sont froides, roulez les boulettes dans le sucre glace pour les enrober, puis enveloppez-les individuellement dans de la cellophane. Conservez les bonbons dans un récipient hermétique.

LE CONSEIL DU CHEF

L'ajout de crème de tartre évite la cristallisation du sucre dans le sirop. Si vous n'en disposez pas, remplacez-le par un autre agent anti-cristallisation (page 19), comme du jus de citron. Pour 1 c. à c. de crème de tartre, comptez 3 c. à c. de jus de citron.

Cuir de pomme

Les enfants adoreront cette friandise souple et moelleuse – un grignotage qui est aussi un apport énergétique instantané. Pour une saveur plus chaude et légèrement épicée, ajoutez de la cannelle en poudre dans la purée de fruits ou quelques clous de girofle entiers dans l'eau de cuisson.

Il vous faudra

- 5 pommes (pour une quantité de 700 g de fruits pelés, évidés et coupés en morceaux)
- 450 ml d'eau environ
- Du sucre, à volonté
- Du jus de citron, à volonté
- De la poudre de cannelle, de noix de muscade ou de clou de girofle, à volonté (facultatif)

POUR 1 GRANDE PLAQUE À PÂTISSERIE

LE CONSEIL DU CHEF

Ajustez l'assaisonnement petit à petit. Pour 500 g de fruits hachés, ajoutez 1 c. à s. de sucre à la fois ou 1 c. à c. de jus de citron à la fois. Si vous souhaitez ajouter de la cannelle ou de la noix de muscade en poudre, incorporez 1 pincée à la fois. Si vous ne disposez pas de clou de girofle en poudre, ajoutez des clous de girofle entiers dans l'eau de cuisson et retirez-les avant de réduire les fruits en purée.

1 Pelez, évidez et hachez les pommes. Goûtez un morceau pour évaluer son taux de sucre ; vous pourrez ainsi adapter la quantité de sucre à ajouter.

2 Mettez les pommes dans une grande casserole à fond épais, avec 120 ml d'eau pour 1 tasse (225 g) de pomme. Portez à frémissement et laissez cuire jusqu'à ce que les fruits soient tendres. Retirez la casserole du feu.

3 Réduisez les pommes en purée au moyen d'un pilon, sans égoutter. Vous pouvez aussi passer les fruits au moulin à légumes ou les écraser dans un tamis. Autrement, utilisez un mixeur plongeant ou un robot de cuisine.

4 Goûtez la purée et ajoutez un peu de sucre, de jus de citron et d'épices (facultatif) jusqu'à obtention de la saveur désirée (voir encadré).

5 Remettez la purée dans la casserole, si vous l'avez retirée, et portez à nouveau à frémissement de 5 à 10 min, jusqu'à épaississement. Retirez la casserole du feu. Passez à nouveau la purée au mixeur, au tamis ou au robot pour qu'elle soit très lisse ; vérifiez et ajustez l'assaisonnement une dernière fois.

6 Chemisez une plaque à pâtisserie avec rebord de film alimentaire solide (qualité spécial micro-ondes) et versez la purée. Elle ne devrait pas dépasser une épaisseur de 5 mm ; plus elle est fine, meilleur est le cuir.

7 Enfournez la plaque à pâtisserie au four préchauffé à 120 °C (th. 4) et laissez cuire 15 min, puis éteignez le four et, porte fermée, laissez la pâte se dessécher pendant une nuit ou 8 h ; la surface doit être lisse et ne plus être collante. Détachez la pâte du film alimentaire et roulez-la pour la conserver.

Pâte de pomme verte

Ces bonbons rafraîchissants sont une délicieuse gourmandise à savourer sans remords quand vous avez envie d'une sucrerie. Ajoutez un peu de colorant alimentaire naturel vert à l'étape 4 si vous souhaitez une couleur vive.

Il vous faudra

1 kg de pommes Granny Smith
1 litre d'eau froide
250 à 300 g de sucre en poudre
Le jus d'un demi-citron
Du colorant alimentaire naturel vert (facultatif)

POUR 24 À 36 PÂTES DE FRUITS

1 Coupez grossièrement les pommes et mettez-les dans une grande casserole. Couvrez-les d'eau à hauteur, portez à ébullition et laissez frémir 15 min, jusqu'à ce que les pommes soient très amollies.

2 Égouttez les pommes, puis écrasez-les à travers un tamis, dans un saladier résistant à la chaleur. Pesez la purée dans une casserole propre, puis ajoutez l'équivalent de son poids total en sucre.

3 Faites cuire à feu doux, à découvert, pendant 1 h 30 et remuez régulièrement, jusqu'à ce que la purée soit très épaisse et lisse ; une ligne tracée à la surface doit rester marquée.

4 Retirez la casserole du feu et incorporez le jus de citron. Faites chauffer à nouveau à feu très doux, 5 min environ, et remuez.

5 Chemisez un moule à manqué carré de 19 cm de papier sulfurisé. Versez la pâte de pomme dans le moule et étalez régulièrement, sur 1 à 1,5 cm d'épaisseur. Laissez refroidir complètement. La pâte doit être suffisamment prise pour être découpée sans difficulté.

6 Démoulez la pâte sur une planche à découper chemisée de papier sulfurisé et retirez le papier de cuisson. Découpez la pâte en carrés ou en morceaux de taille égale. Conservez les pâtes de pomme dans un récipient hermétique au réfrigérateur ou dans un endroit frais, entre des feuilles de papier sulfurisé. Consommez-les dans un délai de quelques jours, car les pâtes de pomme risquent de devenir légèrement collantes au fil de la conservation.

PETITS FRUITS D'ÉTÉ

Fraises, framboises, groseilles, cranberries, myrtilles et bien d'autres… les petits fruits d'été, délicieux et colorés, sont si nombreux que vous pouvez laisser vagabonder votre imagination et adapter toutes ces recettes à la récolte la plus abondante de votre jardin ou aux étals les plus tentants.

Pourquoi limiter la confection de ces bonbons au seul été ? Nombre de petits fruits rouges sont vendus congelés tout au long de l'année et vous les préparerez de la même façon, et dans les mêmes quantités, que leur équivalent frais. Dans les deux cas, ces bonbons seront irrésistibles.

Les fraises et les framboises sont riches en vitamine C, un antioxydant puissant, à action rapide qui aide à lutter contre divers troubles et renforce globalement le système immunitaire.

Les framboises contiennent une variété extraordinaire de phytonutriments antioxydants et anti-inflammatoires, efficaces contre nombre de maladies chroniques, dont l'athérosclérose, le diabète de type 2 et l'hypertension. La base des gommes à la framboise (page 92) est une purée de fruits entiers ; ce mode de confection donne des bonbons savoureux et conserve tous les bienfaits du fruit.

Pour les recettes qui font appel à du jus de fruits, vous avez le choix dans une large gamme de parfums proposée dans les supermarchés. La plupart sont interchangeables dans ces recettes, comme les pâtes de fruits d'été (page 95) et les sucettes aux fruits d'été (page 89). Mieux encore, pressez vous-même les fruits : vous serez sûr que le fruit n'a pas été transformé et que le jus ne provient pas d'un concentré. Pressez les fruits dans un tamis tapissé d'étamine ou au chinois pour éliminer toute trace de pulpe ; veillez à ce que le jus soit aussi limpide que possible, afin que les bonbons aient l'éclat et la transparence d'une pierre précieuse.

Les myrtilles du fudge au chocolat blanc et aux myrtilles (page 93) sont reconnues comme un super-aliment, car elles offrent l'un des taux les plus élevés d'antioxydants parmi les fruits et légumes. Ils sont réputés pour protéger contre les infections de l'appareil urinaire, le cancer, la dégénérescence cérébrale et les maladies cardiovasculaires. Pour exploiter au mieux leurs qualités, il est préférable de consommer les fruits frais et crus, mais les fruits séchés utilisés dans cette recette procurent néanmoins en partie les effets positifs de ces baies.

Sucettes aux fruits d'été

N'hésitez pas à personnaliser cette recette de base avec des petits morceaux de fruits, des perles de sucre ou des paillettes alimentaires. Ou essayez d'autres jus de fruits, citron ou citron vert par exemple, avec du zeste. Laissez libre cours à votre imagination ou à celle des enfants.

Il vous faudra

- 120 ml de jus de fruits rouges d'été
- 190 g de sucre
- 60 ml d'eau
- Quelques gouttes de colorant alimentaire naturel rouge (facultatif)
- 15 bâtons à sucette

POUR 15 SUCETTES

1 Mettez le thermomètre à sucre dans l'eau très chaude et chemisez 2 plaques à pâtisserie de papier sulfurisé.

2 Versez le jus de fruits dans une petite casserole à fond épais. Faites bouillir jusqu'à obtention de 2 c. à s. de sirop. Réservez.

3 Préparez un sirop de sucre (page 18) avec le sucre et l'eau. Plongez le thermomètre à sucre dans le sirop et laissez bouillir jusqu'à une température de 149 °C, le stade du grand cassé. Retirez la casserole du feu, trempez le fond avec précaution dans l'eau froide pour interrompre la cuisson, puis incorporez le sirop de jus de fruits réservé et le colorant alimentaire si vous souhaitez des sucettes de couleur vive.

4 Déposez délicatement, à la cuillère, la valeur d'une boulette de sirop, 5 à la fois ; espacez-les pour qu'elles ne collent pas les unes aux autres. Plantez un bâton à sucette dans chaque boulette et tournez-le pour bien l'enrober.

5 Continuez ainsi jusqu'à épuisement du sirop. S'il épaissit et devient difficile à manipuler, réchauffez brièvement la casserole jusqu'à ce qu'il se liquéfie suffisamment. Laissez les sucettes prendre pendant 30 min.

Barres au chocolat blanc et à la fraise

Ces barres au chocolat qui fondent somptueusement dans la bouche sont une gourmandise idéale de fin de repas. Faites dessécher quelques fraises supplémentaires dont vous décorerez une glace ou que vous grignoterez sans faim.

Il vous faudra

- 5 fraises, équeutées, rincées, séchées et coupées en deux
- 350 g de chocolat blanc, cassé en carrés ou haché grossièrement
- 100 g de fraises hachées
- Quelques pistaches entières, pour décorer

POUR 2 GRANDES BARRES OU 32 PIÈCES

1 Faites sécher les fraises coupées en deux avant de commencer la recette. Préchauffez le four à 110 °C et chemisez une plaque à pâtisserie de papier sulfurisé. Posez les fraises, face coupée vers le haut, sur la plaque et laissez-les dans le four pendant 3 à 4 h.

2 Huilez légèrement deux moules à cake de 900 g et chemisez-les de papier sulfurisé. Faites fondre le chocolat blanc au-dessus d'une casserole d'eau frémissante (page 31).

3 Écrasez les fraises hachées, puis passez-les au chinois pour obtenir une purée lisse. Transférez la purée dans une petite casserole et faites chauffer à feu doux.

4 Mettez 5 ou 6 c. à s. de purée de fraise dans le saladier posé au-dessus d'une casserole d'eau frémissante utilisée pour le chocolat. Ajoutez le chocolat fondu petit à petit et remuez jusqu'à une consistance lisse et homogène.

5 Versez le chocolat à la fraise dans les moules, puis étalez-le en couche régulière. Disposez les fraises déshydratées et les pistaches sur le dessus et laissez refroidir complètement. Quand les barres sont froides, mettez-les au réfrigérateur (non couvertes) jusqu'à ce qu'elles soient assez fermes pour être découpées.

6 Démoulez les barres sur une planche à découper, retirez le papier sulfurisé, puis retournez les barres et découpez-les à l'aide d'un couteau bien tranchant.

Gommes à la framboise

Si vous faites vos propres conserves, la confiture maison est délicieuse dans ces fondants ; sinon, achetez une confiture de bonne qualité, sans trop de morceaux – il en faut très peu pour fourrer chaque chocolat.

Il vous faudra

25 g de gélatine en poudre
150 ml d'eau froide
95 g de sucre
600 ml de compote de framboises, passée au tamis, à partir de 550 g de fruits
Du sucre en poudre, pour enrober (facultatif)

POUR 225 G ENVIRON

1 Rincez un moule à manqué carré de 15 cm environ pour mouiller l'intérieur. Versez la gélatine dans l'eau froide et laissez-la ramollir.

2 Mélangez la gélatine et le sucre dans une grande casserole à fond épais, puis incorporez la compote de framboises.

3 Faites chauffer à feu doux et remuez avec une cuillère en bois, jusqu'à dissolution du sucre et de la gélatine, puis portez à ébullition et maintenez le bouillonnement 5 min.

4 Retirez la casserole du feu, versez la préparation dans le moule humide et laissez prendre pendant une nuit. Le lendemain, trempez brièvement le fond du moule dans l'eau chaude et démoulez sur un plan de travail.

5 À l'aide d'un emporte-pièce humide, découpez des formes. Roulez ou trempez les gommes dans du sucre, à votre convenance.

Fondants à la fraise et à la framboise

Il vous faudra

190 g de sucre
75 ml d'eau
½ c. à s. de sirop de glucose
Du sucre glace, pour saupoudrer
230 g de chocolat noir, en morceaux
170 g de confiture : fraise et framboise en mélange, ou l'une des deux

POUR 24 BONBONS

1 Préparez la pâte à sucre la veille, avec le sucre, l'eau et le sirop de glucose (page 24) et laissez reposer toute la nuit.

2 Faites fondre le chocolat (page 31), puis versez-le dans un moule en silicone pour former des coques (page 33) et laissez prendre pendant 30 min.

3 Mettez la pâte à sucre dans une casserole et faites chauffer à feu doux, juste pour l'amollir. Remplissez presque chaque coque de chocolat de pâte à sucre et laissez-la prendre. Faites ensuite un petit trou dans chacune et ajoutez un peu de confiture. Ramenez la pâte à sucre pour recouvrir le trou et lissez.

5 Faites réchauffer le chocolat à feu doux pour qu'il soit bien fondu et lisse, puis recouvrez la pâte à sucre dans chaque alvéole du moule. Laissez les chocolats prendre et durcir, dans un endroit frais.

Fudges au chocolat blanc et aux myrtilles

Le chocolat blanc confère à ce fudge sa texture onctueuse, et la saveur légèrement acide des myrtilles évite que sa douceur ne vire à l'écœurant. Vous pouvez également essayer d'autres fruits séchés, comme les cerises ou les cranberries.

Il vous faudra

200 g de sucre
20 g de beurre
Un quart de c. à c. de sel
120 ml de lait concentré sucré
1 c. à c. d'extrait de vanille
250 g de chocolat blanc, haché
125 g de myrtilles séchées

POUR 450 G ENVIRON

1 Graissez un moule à manqué carré de 23 cm.

2 Mettez le sucre, le beurre, le lait concentré et la vanille dans une casserole à fond épais, à feu moyen, et portez à ébullition.

3 Baissez le feu dès que la préparation commence à bouillir et laissez frémir 5 min en remuant sans cesse.

4 Retirez la casserole du feu et incorporez le chocolat ; laissez-le commencer à fondre, puis remuez jusqu'à ce qu'il ait complètement fondu et que le mélange soit homogène. Ajoutez alors les myrtilles.

5 Versez la préparation dans le moule, en couche régulière, et laissez refroidir à température ambiante. Puis mettez le moule au réfrigérateur pendant une nuit pour que le fudge prenne complètement.

6 Coupez le fudge en carrés. Vous les conserverez 3 semaines dans un récipient hermétique, dans un endroit frais.

ACTION BÉNÉFIQUE

Les myrtilles contiennent des composants qui préviennent les infections de l'appareil urinaire, car ils empêchent les bactéries de s'accumuler sur la paroi de la vessie. Des études indiquent que les anthocyanes qui donnent leur couleur bleue aux baies sont des antioxydants aptes à détruire les radicaux libres cause de cancer. Il semble aussi que les flavonoïdes présents dans les baies stimulent le cerveau et peuvent ralentir, voire participer à inverser, les pertes de mémoire liées à l'âge.

Pâtes de fruits d'été

Adaptez cette recette au parfum de jus de fruits que vous préférez. Si vous pressez vous-même les fruits, passez-les au chinois ou dans un tamis tapissé d'une étamine pour éliminer toutes les fibres qui troubleraient la limpidité du jus.

Il vous faudra

25 g de gélatine en poudre
4 c. à s. d'eau froide
140 ml de jus de fruits sans pulpe, non sucré (framboise, fraise ou cassis)
70 g de sucre
4 c. à s. de sirop de glucose
Du sucre en poudre, pour enrober (facultatif)

POUR 450 G ENVIRON

1 Rincez un moule à manqué carré de 15 cm environ pour mouiller l'intérieur.

2 Versez la gélatine en pluie dans l'eau froide et laissez-la ramollir.

3 Faites chauffer à feu doux le jus de fruits, le sucre et le sirop de glucose dans une casserole à fond épais ; remuez avec une cuillère en bois, jusqu'à dissolution du sucre.

4 Incorporez la gélatine amollie et continuez à chauffer à feu doux, en remuant, jusqu'à dissolution de la gélatine.

5 Retirez la casserole du feu, versez la préparation dans le moule humide et laissez prendre pendant 6 h au moins, dans un endroit frais.

6 Renversez la pâte de fruits sur un plan de travail froid et découpez-la en carrés, ou autres formes, à l'aide d'un emporte-pièce humide ou d'un couteau tranchant humide.

7 Servez les pâtes de fruits nature ou enrobez-les de sucre en poudre, à votre convenance.

8 Enrobées de sucre ou non, les pâtes de fruits rangées dans un récipient hermétique, dans un endroit frais, se conserveront quelques jours.

LE CONSEIL DU CHEF

Les pâtes de fruits maison sont de couleur moins vive que celles du commerce. Si vous souhaitez égayer vos bonbons, ajoutez quelques gouttes de colorant alimentaire naturel au sirop de jus de fruits. Procurez-vous des colorants naturels, et non des colorants de synthèse, vendus dans les bons supermarchés et les magasins de produits diététiques.

LES HERBES & LES FLEURS

Vous trouverez les remèdes naturels les plus efficaces, et délicieux, dans ce choix de recettes aux herbes et aux fleurs. Des bonbons de sucre cuit aux fudges fondants en bouche, chacun trouvera son plaisir. Que vous cherchiez un remède pour calmer un mal de tête, combattre un rhume ou aider à réduire un taux de cholestérol, ces douceurs regorgent de qualités naturelles qui participent au bien-être et à la santé.

MENTHE

De nombreux bonbons traditionnels que nous adorons, comme les chocolats fourrés à la menthe, ont un goût rafraîchissant. Mais ils ne sont pas seulement sucrés et collants : les feuilles et les huiles essentielles de menthe ont également de grandes qualités curatives.

La menthe est un remède éprouvé contre l'indigestion et les maux de ventre qui suivent des excès de nourriture trop riche. La menthe stimule la production de salive qui, à son tour, stimule la production d'enzymes digestives qui aident l'organisme à digérer un repas lourd et soulagent l'inconfort qui s'ensuit. La plupart des recettes présentées dans les pages qui suivent utilisent de l'huile ou de l'extrait de menthe plutôt que les feuilles fraîches. Évitez les aromatisants synthétiques et procurez-vous un extrait issu des feuilles.

Les feuilles contiennent des composants qui soulagent l'intestin, les flatulences et les symptômes du syndrome du côlon irritable. Ces composants actifs restent présents dans l'huile de menthe ; ils favorisent la décontraction des muscles de l'intestin et préviennent les spasmes liés aux maux d'estomac et à l'indigestion. Ayez une provision de menthes claires (page 100) à portée de main si vous êtes sujet à ces maux.

La menthe aide aussi à calmer les nerfs à vif et à soulager les maux de tête ; quand on souffre, rien n'est plus délicieux que d'associer son traitement à du chocolat, comme dans le chocolat de Noël à la menthe (page 100) ou le fondant à la menthe enrobé de chocolat (page 103), le grand classique.

Le fait de sucer un bonbon de sucre cuit soulage une gorge douloureuse en stimulant la production de salive, qui lubrifie elle-même la gorge ; mais un bonbon à la menthe ajoute les vapeurs de menthol qui dissipent en outre la congestion du nez, des sinus et des bronches.

L'huile de menthe a également des propriétés antimicrobiennes qui évitent la prolifération des bactéries et aident à lutter contre les infections.

Chocolat de Noël à la menthe

Tous les bonbons de sucre cuit à la menthe de confection maison conviennent. Sinon, concassez des restes de cannes de sucre d'orge ou autres bonbons à la menthe.

Il vous faudra

900 g de chocolat blanc, haché

Des sucres d'orge ou bonbons de sucre cuit à la menthe, en quantité suffisante pour obtenir 1 tasse de petits morceaux concassés

Quelques gouttes d'essence de menthe (facultatif)

POUR 900 G ENVIRON

1 Chemisez une grande plaque à pâtisserie de papier sulfurisé. Faites fondre le chocolat au bain-marie (page 31).

2 Concassez les bonbons à la menthe : mettez-les dans un sac en plastique alimentaire et frappez-les avec un rouleau à pâtisserie ou un marteau pour obtenir des miettes d'une taille inférieure à 5 mm.

3 Mélangez les bonbons concassés et le chocolat fondu ; réservez quelques-uns des plus gros morceaux pour la décoration. Ajoutez quelques gouttes d'essence de menthe, à votre goût, pour une saveur mentholée plus intense.

4 Versez la préparation sur la plaque à pâtisserie, étalez-la en couche fine et régulière et parsemez des morceaux de bonbon réservés.

5 Laissez refroidir au réfrigérateur pendant 1 h, puis cassez la plaque chocolatée en morceaux pour la déguster.

Menthes claires

Il vous faudra

380 g de sucre

180 ml d'eau

130 g de glucose en poudre

½ c. à c. d'extrait de menthe

POUR 550 G ENVIRON

1 Huilez légèrement un moule à manqué de 28 x 18 cm ; faites chauffer le thermomètre à sucre dans un bol d'eau très chaude.

2 Faites chauffer le sucre et l'eau à feu doux dans une casserole à fond épais ; remuez avec une cuillère en bois jusqu'à dissolution du sucre. Incorporez le glucose et portez à ébullition à feu plus vif. Laissez bouillir 3 minutes.

3 Maintenez le bouillonnement jusqu'à ce que la température atteigne 143 °C, le stade du petit cassé (page 21).

4 Retirez la casserole du feu, incorporez l'extrait de menthe, puis versez le sirop dans le moule. Laissez refroidir jusqu'à ce qu'il soit juste assez ferme pour être manipulé.

5 Au moyen d'une spatule en métal, démoulez la plaque. Coupez-la vivement en carrés avec des ciseaux huilés, avant qu'elle ne durcisse complètement.

Berlingots à la menthe

Suivez les instructions données en pages 28 à 30 pour confectionner ces bonbons bicolores en sucre tiré. Vous pouvez ajouter un colorant alimentaire naturel dans le sirop, ou simplement étirer une moitié du sirop jusqu'à ce qu'elle soit opaque et garder l'autre translucide.

Il vous faudra

380 g de sucre
1 c. à s. de sirop de glucose
150 ml d'eau
¼ de c à c. de crème de tartre
De l'extrait de menthe

POUR 450 G ENVIRON

1 Faites chauffer à feu doux le sucre, le sirop de glucose et l'eau dans une casserole à fond épais. Remuez jusqu'à dissolution du sucre. Ajoutez la crème de tartre, portez à ébullition et laissez bouillir 3 min.

2 Plongez le thermomètre à sucre dans le sirop et maintenez le bouillonnement jusqu'à ce que la température atteigne 143 °C, le stade du petit cassé. Retirez la casserole du feu et trempez le fond de la casserole dans l'eau pour interrompre la cuisson. Incorporez quelques gouttes d'extrait de menthe pour aromatiser le sirop.

3 Versez le sirop en deux masses sur une plaque de marbre ou à pâtisserie huilée. Dès que le sirop refroidit, soulevez les bords et repliez-les vers le centre au moyen d'un racloir en métal ou d'une grande palette en métal.

4 Huilez vos mains et modelez une masse de sirop en forme de saucisse, puis étirez-la et torsadez-la jusqu'à ce qu'elle devienne opaque, de couleur plus pâle et d'aspect satiné. Repliez la torsade deux fois sur elle-même pour former 4 brins, puis tordez-les ensemble pour obtenir une corde.

5 Modelez la seconde masse de sirop en saucisse, puis étirez-la en corde de la même longueur que la précédente.

6 Posez les deux rubans l'un à côté de l'autre, torsadez-les ensemble, puis repliez la torsade sur elle-même à plusieurs reprises pour obtenir une corde courte. Délicatement, mais fermement et rapidement, tout en la tournant, étirez cette corde pour obtenir un brin long, mince, torsadé et régulier.

7 Au moyen de ciseaux robustes légèrement huilés, coupez la corde en morceaux, en la tordant d'un demi-tour vers vous à chaque morceau pour obtenir des faces triangulaires. Laissez refroidir.

8 Conservez les bonbons dans un récipient hermétique, entre des feuilles de papier sulfurisé.

LE CONSEIL DU CHEF

Ces berlingots enveloppés individuellement dans de la cellophane sont un cadeau délicieux, présentés dans une jolie boîte ou un panier en osier.

Fondants à la menthe enrobés de chocolat

Ces disques de chocolat parfumés à la menthe fondent dans la bouche. Cette recette emploie de la pâte à sucre sans cuisson, mais vous pouvez la remplacer par de la pâte à sucre cuite (pages 24-25). Décorez les bonbons terminés d'un filet de glaçage au sucre glace ou de perles de sucre.

Il vous faudra

265 g de sucre glace
1 blanc d'œuf
Quelques gouttes d'huile de menthe
100 g de chocolat noir à forte teneur en cacao, cassé en morceaux

POUR 225 G ENVIRON

1 Saupoudrez légèrement de sucre glace le plan de travail, un rouleau à pâtisserie et un petit emporte-pièce rond.

2 Fouettez le blanc d'œuf dans une terrine, jusqu'à ce qu'il soit mousseux, puis ajoutez 4 gouttes d'huile de menthe et une quantité suffisante de sucre glace pour obtenir une pâte ferme, mais souple. N'ajoutez pas tout le sucre en une fois, mais petit à petit jusqu'à la consistance voulue.

3 Versez la pâte à sucre sur le plan de travail et pétrissez-la jusqu'à ce qu'elle soit lisse, sans craquèlement.

4 Étendez la pâte à sucre au rouleau jusqu'à 5 mm d'épaisseur, puis découpez-la en disques à l'aide de l'emporte-pièce.

5 Faites fondre le chocolat dans un saladier posé au-dessus d'une casserole d'eau frémissante (page 31) ; remuez jusqu'à ce que le chocolat ait complètement fondu et soit lisse. Retirez la casserole du feu.

6 Piquez les disques un à un sur une brochette ou une fourchette à chocolat, et trempez-les dans le chocolat fondu pour les enrober complètement. Laissez le chocolat en excédent égoutter au-dessus de la terrine, puis posez les chocolats sur une grille et laissez prendre.

7 Si le chocolat commence à se solidifier, remettez le saladier au-dessus de l'eau frémissante pendant quelques instants, afin qu'il fonde à nouveau.

LE CONSEIL DU CHEF

Si vous préférez utiliser de la pâte à sucre cuite, afin d'éviter le blanc d'œuf cru, ajoutez l'huile de menthe au sirop avant de commencer à le mélanger (page 24). Vous pouvez ajouter quelques gouttes à une pâte à sucre nature et l'incorporer en pétrissant, mais il sera moins facile d'obtenir une répartition homogène.

Sucettes fondantes à la menthe

Ces friandises moelleuses en pâte à sucre changent des sucettes de sucre cuit et offrent une saveur mentholée revigorante. Utilisez la totalité de la pâte pour confectionner les sucettes et oubliez les rayures vertes si vous préférez éviter le colorant alimentaire.

Il vous faudra

380 g de sucre
450 g de sirop de glucose
225 ml d'eau
½ c. à c. d'extrait de menthe
Du colorant alimentaire naturel vert
6 bâtons à sucette

POUR 6 SUCETTES

1 Préchauffez le four à 160 °C et graissez deux grandes plaques à pâtisserie. Faites chauffer le thermomètre à sucre dans un bol d'eau très chaude.

2 Mettez le sucre, le sirop de glucose et l'eau dans une grande casserole allant au four. Portez à ébullition et remuez jusqu'à dissolution du sucre.

3 Installez le thermomètre à sucre et maintenez le bouillonnement, sans remuer, jusqu'à ce que la température atteigne 127 °C, le stade du gros boulé (page 21).

4 Retirez la casserole du feu et incorporez l'extrait de menthe. Versez deux tiers du sirop sur une plaque à pâtisserie ; laissez reposer jusqu'à ce qu'il forme une pellicule et soit assez froid pour être manipulé.

5 Ajoutez quelques gouttes de colorant vert dans le reste de sirop et mélangez jusqu'à obtention d'un beau vert menthe. Maintenez-le au chaud dans le four.

6 Étalez la pâte sans colorant sur la plaque à pâtisserie, pétrissez-la et repliez-la, avec les mains huilées, jusqu'à ce qu'elle soit opaque et luisante. Coupez-la en 6 parts avec des ciseaux huilés et moulez celles-ci autour des bâtons à sucette.

7 Retirez la pâte verte du four et, dès qu'elle est assez froide pour être manipulée, pétrissez-la de même que l'autre pâte. Coupez cette pâte verte en bandes avec des ciseaux huilés ; enfoncez les bandes dans les sucettes ou enroulez-les autour, pour décorer. Laissez les sucettes refroidir complètement avant de les envelopper de papier sulfurisé.

GINGEMBRE, HERBES ET ÉPICES

Le gingembre aromatique introduit une note chaleureuse et originale dans les bonbons et casse la douceur des autres ingrédients. D'autres herbes et épices, comme la cannelle ou la noix de muscade, apportent aussi de la profondeur ainsi que leurs propriétés curatives.

Le gingembre a de multiples propriétés bienfaisantes et son action va du soulagement des flatulences à la réduction de l'inflammation.

Un carré ou deux de fudge au gingembre et au miel (page 112) sont un bon remontant et atténuent la sensation de nausée – très utile pendant les voyages ou la grossesse. En fait, le gingembre soulage tous les symptômes du mal des transports – nausées, vertiges et sueurs froides. Pour un long voyage, faites une provision de ce fudge ou de remèdes aux herbes (page 111) préparés à partir d'une infusion de gingembre.

En cas de rhume ou de symptômes de grippe, l'association du gingembre et du miel est bénéfique, car elle favorise la sudation et l'élimination des toxines.

Les gingérols sont de puissants anti-inflammatoires présents dans le gingembre, précieux pour soulager les douleurs et le gonflement des articulations chez les personnes sujettes à l'arthrose et à la polyarthrite rhumatoïde.

Les huiles essentielles de l'écorce de cannelle contiennent des composants actifs qui inhibent la prolifération des bactéries et des champignons, dont la levure Candida, responsable de mycoses. Essayez les truffes à la caroube, au miel et à la cannelle (page 111) si vous êtes sujet à cette infection courante.

La cannelle participe aussi à réguler le taux de glycémie et à réduire les pics de glycémie après les repas, et la seule odeur de cette épice est réputée pour stimuler l'activité mentale.

Les remèdes aux herbes (page 111) peuvent être confectionnés avec n'importe quelle infusion. Choisissez votre parfum préféré ou les propriétés correspondant à un trouble particulier dont vous souffrez.

L'infusion de camomille est calmante et ses propriétés sédatives sont bienvenues dans les cas d'insomnie ; sucer un remède aux herbes parfumé à la camomille est également bon contre la toux.

Une infusion de mélisse-citronnelle remonte le moral et aide à améliorer la concentration.

La noix de muscade présente dans les truffes à la noix de muscade et à la cannelle (page 108) offre une large palette de bienfaits, souvent méconnus. Elle aide à surmonter la fatigue et la dépression et à aiguiser la concentration. Ses propriétés sédatives soulagent les douleurs – la méthode la plus rapide consiste à frotter l'endroit de la douleur d'huile de noix de muscade, mais une délicieuse truffe chocolatée apporte toujours un soulagement.

Truffes à la noix de muscade et à la cannelle

Les notes chaudes et boisées de la noix de muscade et de la cannelle donnent à ces truffes chocolatées une saveur d'hiver. La noix de muscade est un remède contre la fatigue et elle améliore la concentration, ces truffes sont donc un excellent remontant.

Il vous faudra

175 ml de crème fraîche liquide

1 c. à c. de cannelle en poudre

¼ à ½ c. à c. de noix de muscade en poudre ou râpée fraîche

150 g de chocolat noir à forte teneur en cacao, haché

75 g de chocolat au lait, haché

75 g de noisettes rôties, concassées

Du cacao en poudre, non sucré, pour saupoudrer

POUR 20 À 25 TRUFFES

1 Mettez la crème fraîche et les épices moulues dans une casserole et portez à ébullition. Retirez la casserole du feu et versez la crème sur les deux chocolats, dans un saladier.

2 Remuez délicatement jusqu'à une consistance lisse, puis ajoutez les noisettes et mélangez. Laissez refroidir. Couvrez, puis mettez la terrine au réfrigérateur de 1 à 2 h, jusqu'à ce que la pâte de truffe soit ferme.

3 Saupoudrez vos mains de cacao et roulez des boules de pâte de 2,5 cm. Si la pâte de truffe devient trop molle pour être roulée, remettez-la au réfrigérateur jusqu'à ce qu'elle se raffermisse.

4 Mettez les truffes au réfrigérateur pour que le chocolat prenne.

ACTION BÉNÉFIQUE

La noix de muscade est connue et utilisée depuis l'Antiquité pour ses propriétés curatives. C'est un sédatif efficace, qui apaise les nerfs, soulage la dépression et favorise le sommeil. Elle calme également les douleurs ou l'inflammation des muscles et des articulations.

Torsades de sucre d'orge

Ces bonbons d'antan sont un plaisir éternel. Les bienfaits de l'orge se retrouvent dans l'eau d'orge qui compose ces friandises, du traitement de la toux à l'élimination des calculs biliaires.

Il vous faudra

2 c. à s. d'orge perlé
1,2 litre d'eau, au moins
Le zeste mince et le jus d'un demi-citron
380 g de sucre
½ c. à c. de crème de tartre
1 c. à c. de poivre de la Jamaïque moulu ou de gingembre moulu

POUR 450 G ENVIRON

1 Mettez l'orge dans une casserole. Ajoutez 280 ml d'eau et portez à ébullition. Retirez la casserole du feu, égouttez l'orge et rincez-le à l'eau courante froide.

2 Remettez l'orge dans la casserole rincée, ajoutez 850 ml d'eau froide et le zeste de citron. Portez à ébullition, baissez le feu, couvrez et laissez frémir de 1 h 30 à 1 h 45, jusqu'à ce que l'orge soit tendre.

3 Égouttez l'orge et réservez le liquide. Ajoutez le jus de citron dans l'eau et allongez d'eau froide pour obtenir un volume de 560 ml. Jetez l'orge et le zeste de citron.

4 Faites chauffer le sucre, la crème de tartre, le poivre de la Jamaïque ou le gingembre et l'eau d'orge, à feu doux, dans une casserole à fond épais. Remuez sans cesse, avec une cuillère en bois, jusqu'à dissolution du sucre.

5 Portez à ébullition et laissez bouillir 3 min, puis plongez le thermomètre à sucre dans la préparation et maintenez le bouillonnement jusqu'à 154 °C, stade du grand cassé (page 21).

6 Coulez le sirop sur le plan de travail ou une plaque à pâtisserie huilée de façon qu'il s'étale en nappe régulière. Laissez le sucre d'orge refroidir jusqu'à ce que les bords soient fermes.

7 Au moyen d'une spatule en métal légèrement huilée, détachez un bord de la pellicule de sirop, puis soulevez-le à la main et repliez-le vers le centre, en veillant à ce qu'il n'y ait pas de plis. Repliez immédiatement le bord opposé à la jonction du premier bord replié au centre.

8 Au moyen de la spatule huilée, soulevez légèrement la plaque repliée. Coupez-la en bandes de 1 cm de large, avec des ciseaux huilés, en coupant aux extrémités opposées, en alternance. Torsadez chaque bande en spirale dès qu'elle est coupée.

9 Laissez les torsades refroidir complètement et durcir, puis enveloppez-les individuellement de cellophane. Conservez dans un récipient hermétique.

ACTION BÉNÉFIQUE

Les fibres hydrosolubles de l'orge participent à dissoudre et à prévenir les calculs biliaires et l'eau d'orge est également recommandée pour prévenir les infections de l'appareil urinaire, notamment durant la grossesse. La niacine (vitamine B) présente dans l'orge fait aussi baisser le taux de cholestérol et l'eau d'orge est un diurétique naturel qui soulage la rétention d'eau.

Remèdes aux herbes

Les infusions en sachet sont une solution pratique pour intégrer les bienfaits de nombreuses herbes à vos bonbons. Choisissez votre parfum préféré ou une herbe apte à combattre un trouble ou un problème particulier.

Il vous faudra

- 4 sachets d'infusion
- 480 ml d'eau bouillante
- 380 g de sucre
- Du sucre glace, pour saupoudrer

POUR 450 G ENVIRON

1 Faites infuser les sachets dans l'eau bouillante pendant 20 min. Chemisez un moule à gâteaux de papier sulfurisé.

2 Mettez le sucre dans une casserole à fond épais et filtrez l'infusion dans la casserole. Faites chauffer à feu doux et remuez jusqu'à dissolution complète du sucre, puis portez à ébullition.

3 Installez le thermomètre à sucre dans la casserole et maintenez l'ébullition, sans remuer, jusqu'à 149 °C, stade du grand cassé (page 21). Retirez la casserole du feu et trempez le fond dans l'eau froide avec précaution pour interrompre la cuisson.

4 Versez le sirop dans le moule et laissez refroidir légèrement. Coupez-le en bandes, puis en petits morceaux, pendant qu'il est encore tiède. Laissez durcir les bonbons, puis enrobez-les de sucre glace.

Truffes à la caroube, au miel et à la cannelle

Il vous faudra

- 3 c. à s. de caroube en poudre, non sucrée
- 1 c. à s. de café instantané en poudre
- 2 c. à s. de miel liquide
- 1 c. à s. de beurre doux, coupé en dés
- 30 g de lait écrémé en poudre
- De la caroube en poudre, non sucrée, aromatisée à la cannelle moulue, pour enrober

POUR 10 TRUFFES ENVIRON

1 Mélangez la caroube et le café instantané en poudre dans un saladier résistant à la chaleur. Ajoutez le miel, posez le saladier au-dessus d'une casserole d'eau frémissante et remuez jusqu'à obtention d'un mélange homogène.

2 Retirez le saladier de la source de chaleur. Incorporez le beurre et le lait en poudre ; remuez jusqu'à ce que le beurre ait fondu et que le mélange soit homogène.

3 Laissez refroidir quelques instants, puis modelez la préparation en boulettes. Roulez les boulettes, une à une, dans la caroube parfumée à la cannelle.

4 Placez les truffes dans des petites caissettes en papier. Couvrez et laissez reposer une nuit dans un endroit frais avant de déguster.

Fudges au gingembre et au miel

Ces délicieux carrés fondants soigneront une gorge douloureuse. Le gingembre stimule l'élimination des rhumes et des grippes par la sudation et ces bonbons procurent plus qu'une sensation de bien-être.

Il vous faudra

300 g de sucre
85 g de miel liquide
60 g de beurre doux, coupé en dés
Quelques gouttes d'extrait de gingembre
180 g de gingembre confit en conserve, égoutté et finement haché

POUR 550 G ENVIRON

1 Beurrez ou huilez un moule à manqué de 18 x 23 cm. Placez le thermomètre à sucre dans un saladier d'eau très chaude pour le chauffer.

2 Faites chauffer à feu doux le sucre, le miel, le beurre et le lait, dans une casserole à fond épais ; remuez avec une cuillère en bois pour dissoudre le sucre et faire fondre le miel.

3 Portez à ébullition et laissez bouillir 3 min.

4 Installez le thermomètre à sucre dans la casserole et maintenez le bouillonnement jusqu'à ce que le sirop atteigne une température de 116 °C, le stade du petit boulé (page 21).

5 Trempez le fond de la casserole dans l'eau froide pour interrompre la cuisson. Ajoutez l'extrait de gingembre et le gingembre haché. Fouettez jusqu'à ce que la préparation épaississe et pâlisse.

6 Versez dans le moule à manqué et laissez refroidir jusqu'à ce que la préparation commence à prendre. Puis marquez le fudge en carrés avec un couteau légèrement huilé et laissez-le refroidir et prendre complètement.

7 Coupez ou cassez le fudge en morceaux. Conservez les bonbons dans une boîte hermétique, entre des feuilles de papier sulfurisé, dans un endroit frais.

MIEL

L'édulcorant fourni par la nature n'est pas simplement sucré. Le miel est vraiment un remède et un agent de bonne santé dans d'innombrables domaines. Il stimule le système immunitaire, équilibre le taux de glycémie dans le sang et combat le cholestérol.

Pour tirer le meilleur parti des qualités bienfaisantes du miel, recherchez un miel fabriqué par les abeilles en été et sur des fleurs – les marchés campagnards et les magasins diététiques sont les meilleurs pourvoyeurs de miel de qualité. Mieux encore, optez pour un miel brut, qui a subi le strict minimum de transformation au sortir de la ruche.

Le miel est mieux connu comme soin naturel à des troubles plus bénins. Si vous souffrez du rhume des foins, la consommation de miel produit localement – par des abeilles qui butinent les fleurs qui provoquent votre allergie – peut soulager les symptômes et prévenir de nouveaux accès. Et une cuillerée de miel est un remède éprouvé aux toux nocturnes des enfants sujets à des toux et à des rhumes fréquents.

Le miel est un édulcorant bien supérieur au saccharose ou au glucose pour contrôler le taux de glycémie, car il ne provoque pas de pics et de chutes de glycémie. C'est pourquoi les diabétiques tolèrent souvent le miel mieux que les autres sucres ; les bonbons présentés dans cette section sont donc particulièrement adaptés à leur cas.

Le miel contient également des antioxydants bénéfiques à la santé cardiovasculaire et à celle des vaisseaux sanguins – avec un effet préventif sur les accidents vasculaires cérébraux et les maladies cardiaques.

Le nid d'abeille est une friandise savoureuse et simple à confectionner. Il est délicieux trempé dans du chocolat fondu ou émietté en couverture de cheesecake ou d'une glace (page 119).

Exploitez au maximum les sucres naturels du miel en l'associant à des fruits séchés. Elles sont un excellent coup de fouet énergétique en cas de petite faiblesse.

Le miel est également délicieusement croustillant au stade du grand cassé. Ainsi le caramel au miel et aux noisettes (page 116) ajoute les bienfaits des noisettes, qui participent à réguler les taux de cholestérol et à combattre le « mauvais » cholestérol LDL.

Caramel au miel et aux noisettes

Les noisettes ajoutent de la texture à ce caramel croquant et procurent l'acide oléique, qui fait baisser le « mauvais » cholestérol LDL et favorise le « bon » cholestérol HDL.

Il vous faudra

170 g de miel liquide
120 ml de golden syrup
90 g de beurre doux, coupé en dés
150 g de noisettes concassées

POUR 450 G ENVIRON

1 Huilez un moule à manqué carré de 15 cm. Faites chauffer à feu doux le miel, le sirop et le beurre, dans une casserole à fond épais ; remuez avec une cuillère en bois pour faire fondre le tout.

2 Portez à ébullition et laissez bouillir 3 min. Mettez le thermomètre à sucre dans la casserole et maintenez le bouillonnement jusqu'à ce que le sirop atteigne une température de 129 °C, le stade du gros boulé (page 21).

3 Retirez la casserole du feu et trempez le fond dans l'eau froide, avec précaution, pour interrompre la cuisson.

4 Incorporez les noisettes, puis versez le sirop dans le moule huilé et laissez reposer jusqu'à ce que le sirop commence à prendre.

5 Marquez le caramel en carrés avec un couteau légèrement huilé et laissez-le refroidir et prendre complètement. Cassez le caramel en morceaux et enveloppez-les individuellement dans du papier sulfurisé. Conservez les bonbons dans une boîte hermétique.

Barres au miel et aux fruits

Il vous faudra

100 g d'abricots secs moelleux
75 g de poires séchées
40 g de fromage frais allégé
4 c. à s. de caroube en poudre
1 ½ c. à s. de miel liquide

POUR 18 BARRES

1 Huilez légèrement une plaque à pâtisserie ou chemisez-la de papier sulfurisé. Hachez finement les fruits secs. Battez le fromage frais dans une terrine, jusqu'à une consistance lisse, puis incorporez la caroube en poudre et le miel.

2 Ajoutez un peu moins de la moitié des fruits hachés dans la préparation au fromage et étalez la moitié de celle-ci sur la plaque à pâtisserie, en carré. Couvrez du reste de fruits hachés, puis du reste de la préparation. Soudez les couches ensemble en appuyant à la main ou avec une spatule.

3 Enveloppez le carré de papier sulfurisé et mettez-le au réfrigérateur. Quand il est ferme, coupez-le en barres pour servir.

Nid d'abeille

Cette recette est réalisée au four à micro-ondes, mais la cuisson est également possible à la casserole, à votre convenance. Émiettez le nid d'abeille dans une glace maison ou saupoudrez-le en couverture, ou plongez-le dans le chocolat fondu pour le déguster en bonbon.

Il vous faudra

150 ml d'eau
190 g de sucre en poudre
1 c. à s. de golden syrup
¼ c. à c. de crème de tartre
½ c. à c. de bicarbonate de soude

POUR 225 G ENVIRON

1 Huilez un moule à manqué carré de 18 cm. Placez le thermomètre à sucre dans un saladier d'eau très chaude pour le réchauffer.

2 Faites chauffer l'eau dans un grand récipient pour four à micro-ondes, pendant 2 min, à puissance maximale. Ajoutez le sucre, le sirop et la crème de tartre et faites chauffer pendant 2 min, à puissance maximale, puis remuez jusqu'à dissolution du sucre.

3 Faites chauffer à puissance maximale pendant 10 min de plus. Vérifiez la température avec le thermomètre à sucre à intervalles réguliers, jusqu'à 154 °C, le stade du grand cassé (page 21).

4 Juste avant que le sirop ne soit prêt, diluez le bicarbonate de soude dans un petit bol, avec 1 c. à c. d'eau très chaude. Incorporez avec précaution la solution de bicarbonate au sirop chaud. Le sirop va entrer en effervescence et augmenter de volume. Versez-le rapidement dans le moule huilé et laissez-le commencer à prendre.

5 Si vous souhaitez des morceaux réguliers, marquez le caramel en carrés avec un couteau légèrement huilé avant de le laisser prendre complètement.

6 Cassez le caramel en morceaux et conservez les bonbons dans une boîte hermétique.

FLEURS

Les fleurs ne sont pas un ingrédient culinaire courant, mais certaines sont comestibles et elles ajoutent un parfum délicat et une touche esthétique aux bonbons. Vérifiez toujours qu'il n'y a aucun danger à consommer des fleurs que vous avez cueillies.

La rose et la violette sont les fleurs comestibles les plus connues, mais la capucine, la lavande, le souci et bien d'autres peuvent être confites, comme les violettes cristallisées (page 123), ou utilisées en cuisine. On les emploie essentiellement en décoration sur les bonbons et les gâteaux ; les recettes des pages suivantes demandent des ingrédients dérivés des fleurs, comme l'eau de rose ou l'extrait de violette. S'ils ne sont pas disponibles dans votre supermarché, dirigez-vous vers les boutiques diététiques ou les spécialistes de décoration des gâteaux. Si vous achetez en ligne, évitez les huiles destinées à la parfumerie – vous ne devez employer que des huiles à usage alimentaire. En cas de doute, vérifiez toujours avant l'achat.

Le sirop de cynorhodon est un remède traditionnel contre les rhumes et une précaution hivernale pour les tenir à l'écart. À poids équivalent, il contient 20 fois plus de vitamine C que le jus d'orange.

Si vous ne trouvez pas de sirop de cynorhodon dans le commerce, confectionnez-le vous-même. Pour 900 g de cynorhodons, comptez le même poids de sucre. Hachez les cynorhodons et ajoutez-les à 2 litres d'eau bouillante, dans une grande casserole. Ramenez l'eau à ébullition, puis retirez la casserole du feu et laissez les cynorhodons macérer pendant 30 min. Filtrez au chinois ou dans un tamis garni d'étamine, puis remettez la pulpe dans la casserole avec 1 litre d'eau et répétez l'opération. Versez les deux infusions dans une casserole propre et portez à ébullition ; maintenez le bouillonnement jusqu'à réduction de moitié. Retirez la casserole du feu, ajoutez le sucre et remuez jusqu'à dissolution. Portez le sirop à ébullition et laissez bouillir 5 min, puis versez le sirop dans des bouteilles stérilisées et fermez. Vous l'utiliserez dans des recettes, en cordial ou pour napper des glaces ou des crêpes.

L'eau de rose est en vente dans la plupart des supermarchés. Elle parfumera les loukoums à la rose (page 124). L'eau de rose est une bonne source d'antioxydants qui entretiennent la santé de la peau.

Violettes cristallisées

Cette technique s'applique à la cristallisation de n'importe quel pétale ou fleur comestible, comme les pétales de roses. Ce travail délicat exige un petit pinceau d'artiste souple, propre.

Il vous faudra

20 à 30 violettes fraîches
1 blanc de gros œuf
1 c. à s. d'eau
225 g de sucre en poudre

POUR 20 À 30 VIOLETTES CRISTALLISÉES

1 Préchauffez le four à la température la plus faible et chemisez une plaque à pâtisserie de papier sulfurisé.

2 Dans une terrine, fouettez le blanc d'œuf avec l'eau jusqu'à ce qu'il commence à être mousseux. Mettez le sucre dans un plat peu profond.

3 Tenez une violette entre le pouce et l'index et badigeonnez la fleur avec le pinceau trempé dans le blanc d'œuf ; couvrez complètement la fleur.

4 Tenez la violette au-dessus du plat de sucre et saupoudrez-la de sucre de toutes parts, de façon homogène – ne la trempez pas dans le sucre, sous peine de l'abîmer. Posez la violette sucrée sur la plaque à pâtisserie et répétez l'opération avec le reste des fleurs.

5 Enfournez et laissez les violettes dans le four pendant une nuit, porte entrouverte. Retirez les violettes du four et laissez-les refroidir. Conservez les violettes cristallisées dans un récipient hermétique.

Fondants à la violette

Il vous faudra

Quelques gouttes d'extrait de violette
Quelques gouttes de colorant alimentaire naturel violet
225 g de pâte à sucre (voir pages 24-25)
Des violettes cristallisées, pour la décoration (voir ci-dessus)

POUR 225 G ENVIRON

1 Pétrissez la pâte à sucre avec l'extrait de violette et le colorant alimentaire ; laissez reposer 1 h.

2 Modelez la pâte à sucre en petites boules et aplatissez-les légèrement.

3 Posez une violette cristallisée au centre de chaque bonbon et laissez sécher 24 h.

Loukoums à la rose

Cette douceur au subtil parfum de rose est une spécialité du Moyen-Orient, facile à recréer chez soi. Une confection soigneuse exige un peu de temps, mais le résultat en vaut la peine et les loukoums dans une jolie boîte sont un cadeau charmant.

Il vous faudra

De l'huile de tournesol, pour graisser
1 c. à s. de jus de citron
800 g de sucre
875 ml d'eau
1 c. à c. de crème de tartre
1 c. à s. d'eau de rose
Un mélange de fécule de maïs et de sucre glace dans la proportion de 1 pour 5, pour saupoudrer

POUR 80 LOUKOUMS ENVIRON

1 Placez le thermomètre à sucre dans une terrine d'eau très chaude pour le réchauffer. Huilez légèrement un moule à manqué de 20 cm. Chemisez le moule de papier sulfurisé et huilez légèrement le papier.

2 Mettez le jus de citron, le sucre et 375 ml d'eau dans une casserole à fond épais et portez à ébullition ; remuez jusqu'à dissolution du sucre. Installez le thermomètre à sucre et maintenez le bouillonnement jusqu'à ce que la température atteigne 112 °C, le stade du petit boulé (page 21).

3 Retirez le sirop du feu et, dans une autre casserole, diluez la fécule de maïs et la crème de tartre dans 500 ml d'eau. Battez au fouet pour éliminer tous les grumeaux.

4 Portez à ébullition et remuez jusqu'à obtention d'une pâte collante, puis ajoutez le sirop très chaud petit à petit, en fouettant. Portez à nouveau à ébullition, puis laissez frémir 1 h ; remuez souvent.

5 Ajoutez l'eau de rose dans le sirop, puis versez dans le moule et laissez refroidir pendant une nuit.

6 Démoulez la pâte et saupoudrez-la généreusement du mélange de fécule de maïs et de sucre glace. Coupez en carrés à l'aide d'un couteau huilé. Conservez les loukoums dans un récipient hermétique avec le reste du mélange de fécule de maïs et de sucre glace.

Index

Remerciements

Quantum souhaite remercier les sociétés qui ont autorisé la reproduction des photographies qui apparaissent dans ce livre :

Shutterstock

page 7, Vankad
page 8 (gauche) Dream 79
page 8 (droite), Elena Elisseeva
page 9 (haut), VictorH11
pages 10-11, Marina Onokhina
page 15, Beauty photographer
page 26, Cameron Whitman
page 30, Liv frils-larsen
page 37, Elena Elisseeva
pages 38–39, yonibunga
page 55, Maria Komar
page 58, Wollertz
page 64, Madlen
page 79, Candace Hartley
page 87, Boule
pages 96–97, angelakatherina
page 99, Ev Thomas
page 106, Shameyeva Olga
page 107, images72
page 115, Subbotina Anna
page 121, Elena Elisseeva

Stockfood

pages 41, 43, 44, 47, 51, 52, 57, 61, 67, 68, 71, 73, 74, 81, 84, 88, 91, 94, 101, 104, 110, 113, 117, 118, 122, 125

Toutes les autres photographies sont la propriété de Quantum Publishing Ltd.